《家庭教育指导手册》编写委员会

主　任　朱之文
副主任　杨银付　孟繁华　丛中笑　张东燕
委　员（按姓氏笔画排序）

　　　于会祥　马学阳　王　东　王晓燕　边玉芳　朱　婷
　　　刘长铭　孙云晓　李　烈　杨彩霞　张海波　张　爽
　　　赵　刚　赵忠心　高书国　蔺秀云　霍雨佳

《家庭教育指导手册　学校卷》编写组

主　编　孟繁华
副主编　张　爽
编写专家（按姓氏笔画排序）

　　　于会祥　王　东　王　楠　王晓燕　师月月　刘　帆
　　　刘向娟　杨文芝　杨彩霞　张玲玲　科建宇

《家庭教育指导手册　家长卷》编写组

主　编　丛中笑
副主编　霍雨佳　马学阳
编写专家（按姓氏笔画排序）

　　　马筱薇　王　萍　王润洁　边玉芳　任金涛　刘建国
　　　苏　元　肖凤秋　邱天敏　张　妮　张海波　果静雅
　　　岳　丽　单志艳　赵　刚　胡　迟　胡谱忠　钟晓琳
　　　贺明菊　崔　岳　谢　娟　蔺秀云　霍　亮

《家庭教育指导手册》丛书总目

学校卷
家长卷（学前篇）
家长卷（小学低段篇）
家长卷（小学中高段篇）
家长卷（初中篇）
家长卷（高中篇）

丛书责编　刘立德　韩华球
本册责编　穆建亚　陆　洋

家庭教育指导手册

家长卷（初中篇）

中国教育学会　组织编写

人民教育出版社
·北京·

图书在版编目（CIP）数据

家庭教育指导手册.家长卷.初中篇/中国教育学会组织编写. — 北京：人民教育出版社，2020.11（2023.7重印）

ISBN 978-7-107-34821-1

Ⅰ.①家… Ⅱ.①中… Ⅲ.①初中生－家庭教育－手册 Ⅳ.① G78-62

中国版本图书馆 CIP 数据核字（2020）第 228750 号

家庭教育指导手册　家长卷（初中篇）

出版发行	人民教育出版社
	（北京市海淀区中关村南大街 17 号院 1 号楼　邮编：100081）
网　　址	http://www.pep.com.cn
经　　销	全国新华书店
印　　刷	北京盛通印刷股份有限公司
版　　次	2020 年 11 月第 1 版
印　　次	2023 年 7 月第 9 次印刷
开　　本	890 毫米 ×1 240 毫米　1/32
印　　张	8
字　　数	125 千字
定　　价	30.00 元

版权所有・未经许可不得采用任何方式擅自复制或使用本产品任何部分・违者必究
如发现内容质量问题、印装质量问题，请与本社联系。电话：400-810-5788

序

办好教育事业,家庭、学校、政府、社会都有责任。家庭教育关系孩子终身发展,关系千家万户幸福,关系社会和谐稳定。党的十八大以来,习近平总书记多次强调,要"注重家庭、注重家教、注重家风","家庭是人生的第一所学校,家长是孩子的第一任老师,要给孩子讲好'人生第一课',帮助扣好人生第一粒扣子"。总书记关于家庭教育的重要论述,为我们做好家庭教育工作指明了前进方向,提供了根本遵循。

随着社会的发展,家庭面临着社会现实情况的变化,家庭教育出现了一些问题和误区。相当长一段时间以来,不少家庭往往只有一个孩子，于是多个大人呵护着一个孩子；由于年轻父母工作忙，越来越多的老人在帮助带孩子，两代人因育儿理念不一致而产生家庭教育的种种问题；特别是社会竞争带来的学业、考试、升学的压力，使家长产生了焦虑情绪。有些家长缺乏对教育规律的认识，缺乏育儿知识，往往把压力转移到孩子身上，使孩子身心不能健康地发展。有些家长对孩子期望值过高，除了要求孩子在学校中必须获得优异成绩外，还让孩子参加各种校外补习班、培训班，增加了孩子的学业负担和心理压力。有的学校办学与家长缺少沟通，致使家庭教育与学校教育割裂，家长对学校的教育教学工作，特别是教育教学改革不理解、不支持，学校素质教育难以推动。因此，家庭教育非常重要。没有家庭的支持配合，学校的工作就会事倍功半。

现在许多学校成立了家长委员会，有的还建立了家长学校，但缺乏科学的全面的家庭教育的内容。因此，编写《家庭教育指导手册》(以下简称《手册》)，让校长、教师和家长都能了解家庭教育是怎么回事，如何对孩子有效地进行教育，就非常有必要。《手册》把向教育工作者和家长传达正确的教育观念、科学的教育方法，帮助学校和家庭建立起和谐、紧密的沟通联络关系，指导家长与学校共同培养身心健康、积极向上的孩子，作为编写宗旨，这也是值得充分肯定的。

一直以来，教育部高度重视家庭教育工作。特别是近年来，教育部会同相关部门印发了一系列文件，要求各地认真贯彻落实文件要求，积极开展家庭教育指导工作，不断探索家庭教育有效途径和方式，各地也涌现出了很多典型经验和做法，我国家庭教育工作取得了显著进展。2019年，教育部把推进"家校协同育人"攻坚行动列入"奋进之笔"攻坚计划，编写《手册》就是其中的一项重要工作。《手册》总结了当前家庭教育领域的最新理论成果和前沿知识，借鉴了各地家庭教育工作的典型经验和做法，围绕不同学段学生的身心特点、认知规律以及家庭教育需求，介绍了家庭教育知识和方式方法，语言平实，可读性强，易于学校的使用及家长的理解和操作。我认为，《手册》的推广使用，对各地教育部门、中小学、家长开展家庭教育工作将发挥积极的推动作用。

我经常说，无论是学校教育还是家庭教育都要回归教育的本质，那就是要立德树人，让孩子身心健康发展，快乐地成长。我相信，通过各地教育部门、中小学、广大学生家长和社会的共同努力，不断转变教育观念，改善教育方法，我们就一定能够形成家庭教育的良好氛围，促进我们的孩子幸福生活、健康成长！

2020年9月5日

（顾明远先生为北京师范大学资深教授、教育部社会科学委员会副主任、国家教育咨询委员会委员、中国教育学会名誉会长）

前言

  教育是家庭、学校、政府和社会共同的责任，家庭教育工作开展得如何，关系孩子终身发展，关系千家万户的切身利益，关系到国家和民族的未来。习近平总书记在2015年春节团拜会上讲话指出，要重视家庭建设，注重家庭、注重家教、注重家风；在2018年全国教育大会上，习近平总书记指出，"办好教育事业，家庭、学校、政府、社会都有责任"，"家庭是人生的第一所学校，家长是孩子的第一任老师，要给孩子讲好'人生第一课'，帮助扣好人生第一粒扣子"，并要求教育、妇联等部门统筹协调社会资源支持服务家庭教育。习近平总书记关于新时代家庭教育的一系列重要论述，是我们做好家庭教育工作的根本遵循。

2019年，党的十九届四中全会审议通过了《中共中央关于坚持和完善中国特色社会主义制度推进国家治理体系和治理能力现代化若干重大问题的决定》，提出要"构建覆盖城乡的家庭教育指导服务体系"，"注重发挥家庭家教家风在基层社会治理中的重要作用"。2020年，党的十九届五中全会又明确提出"健全学校家庭社会协同育人机制"。

一直以来，教育部等相关职能部门高度重视家庭教育工作，先后印发了《全国妇联教育部中央文明办关于进一步加强家长学校工作的指导意见》《教育部关于加强家庭教育工作的指导意见》《关于指导推进家庭教育的五年规划（2016—2020年）》《全国家庭教育指导大纲（修订）》《家长家庭教育基本行为规范》等一系列文件。在2019年召开的年度全国教育工作会议上，陈宝生部长特别强调："要加强对家庭教育工作的支持，通过家委会、家长学校、家长课堂、购买服务等形式，形成政府、家庭、学校、社会联动的家庭教育工作体系。"

近年来，家庭教育工作取得许多积极进展，但还存在一些困难和问题。比如，一些家长承担监护职责的能力不够强，没有树立正确的教育观念，教育方法不够科学，不够尊重孩子权利，重智轻德的现象仍然存在，不够注重培养孩子的良好习惯，导致出现亲子关系紧张、孩子压抑、家长焦虑等问题；又如，家长与学校沟通配合不够，学校对家长如何开展家庭教育指导不够，导致家庭教育未能发挥应有的重要作用；再如，社会各界对家庭教育认识也不到位，家庭教育工作水平不高，家庭教育资源相对匮乏，相关体制机制也不够健全，学校教育、社会教育和家庭教育还没有形成良好合力……这些问题都将直接影响育人的质量。因此，高度重视家庭教育工作，切实加强对家庭教育工作的指导，在当前显得尤为重要。

为进一步增强家庭教育指导工作的针对性和有效性，推动各方高度重视家庭教育，2019年年初，教育部将"家校协同育人"攻坚行动列入"奋进之笔"攻坚计划，组织编写《家庭教育指导手册》便是其中一项重要工作。在教育部领导和基础教育司指导统筹下，中国教育学会成立专门工作组，组织众多家庭教育专家开展编写工作。《手册》分为学校卷（1册）和家长卷（5册）。学校卷基于教育部门和学校视角，期望通过学校、教师的努力，更好指导家长开展高质量的家庭教育，与学校教育形成合力，充分发挥学校在家庭教育中的指导作用；家长卷基于家长视角，以问题为导向，坚持遵循教育规律，以青少年儿童发展为本，将科学的教育理念和教育方法落实到家庭教育的实践中，引导家长更好地担负起家庭教育的首要责任。

《手册》家长卷的主要观点如下。

第一，家庭教育要坚持立德树人。落实立德树人根本任务，要体现德育为先、五育并举。习近平总书记强调，我国是中国共产党领导的社会主义国家，这就决定了我们的教育必须把培养社会主义建设者和接班人作为根本任务；要努力构建德智体美劳全面培养的教育体系，家庭教育是其中的重要一环。《手册》倡导广大家长要提高政治站位，引导孩子形成正确的世界观、价值观和人生观，教育引导孩子培育和践行社会主义核心价值观，按照《新时代公民道德建设实施纲要》《新时代爱国主义教育实施纲要》的要求，用良好家教家风涵育道德品行；要注重孩子的兴趣和特长，树立正确学习目标，培养良好学习习惯，创造良好学习环境，既配合学校完成教学任务，又充分发挥自身独特价值；要帮助孩子获得运动技能，满足兴趣爱好，养成运动习惯；要通过阅读、践行文明礼仪、家庭环境装饰、发展艺术特长等方面，培养孩子认识美、爱好美和创造美的能力；要高度重视劳动教育，在家庭生活中引导孩子形成劳动观点，认识劳动价值，激发劳动兴趣，学会劳动技能，养成劳动习惯。

第二，家庭教育要坚持家长主责。家长在家庭教育中负有主体责任，要依法依规履行对子女的监护职责和抚养教育义务。《手册》坚持需求导向，强调家长的言传身教，既注重解决家长经常遇到的实际问题，帮助他们掌握家庭教育理念和方法、提升科学施教的能力，又强调发挥家长的积极性和主观能动性，引导家长注重提升自身素质，以榜样的力量影响儿童，进而促进亲子互动、共同提高。

第三，家庭教育要坚持尊重青少年儿童。家庭教育的基础是对青少年儿童的尊重，主要表现在保护青少年儿童权利、尊重青少年儿童成长规律这两个方面。《手册》以尊重和保护青少年儿童权利为出发点，将"青少年儿童是独立的权利主体"视角贯穿其中，除了学校卷1册外，同时依据学前、小学低段、小学中高段、初中、高中的不同特点编写家长卷5册，按教育内容划分专题，根据青少年儿童成长规律和相应年龄学段的特点选择相应教育内容。

第四，家庭教育要坚持协同育人。家庭、学校、社会是促进儿童健康成长的共同体，这是新时代家庭教育的鲜明特征。家长要认识到家校社协同育人的重要意义，主动参与家校社协同教育。《手册》以问题为导向，选取目前家校社协同育人的突出问题设立专题，具有很强的时代感。这些专题都是现代家长需要了解和掌握的家庭教育重要内容。

《手册》家长卷共分"品德培养""学习指导""身心健康""安全教育""媒介素养""性教育""家庭沟通""父母成长"等八个专题，本着科学、实用、有效的原则，从不同年龄段孩子的常见问题入手，以解决问题为目标，剖析常见的教育案例，循序渐进地进行家庭教育原理的阐发及家庭教育指导方法的分享，避免了从理论到理论、从概念到概念的枯燥说教，尽量采用鲜活的实例、生动的语言，进行深入浅出的分析，旨在支持和帮助广大家长树立科学的家庭教育观念、学习基础的家庭教育知识、掌握和运用有效的家庭教育手段和方法。

家庭教育，任重道远。愿《手册》成为家长科学育儿的好帮手，让我们共同努力，为家庭教育、学校教育、社会教育合力的形成做出应有的贡献。

本册适于初中学生家长阅读。

中国教育学会

2020年10月

目录

专题一 品德培养

一、正确对待友谊 /3

二、融洽师生关系 /7

三、注重"内在美" /10

四、培养集体责任 /14

五、开展法治启蒙 /18

六、培育爱国情怀 /23

专题二 学习指导

一、培养学习兴趣 /28

二、掌握学习方法 /33

三、提高学习效率 /37

四、选择补习班 /41

五、平衡学习和爱好 /45

六、缓解中考焦虑 /49

七、合理减负增效 /53

八、加强劳动教育 /58

专题三 身心健康

一、关注饮食健康 /62

二、应对"美丽痘痘" /67

三、拒绝吸烟饮酒 /70

四、适应身心变化 /73

五、促进自我认同 /77

六、察觉情绪障碍 /81

七、疫情期间的居家生活 /84

专题四 安全教育

一、预防校园欺凌 /90

二、重视交通安全 /96

三、防范意外溺水 /102

四、预防意外伤害 /105

五、学会应对灾害 /109

六、抵御毒品诱惑 /111

专题五 媒介素养

一、网上理性消费 /117

二、和孩子做网友 /121

三、关注孩子网聊 /124

四、预防网络沉迷 /127

五、理性对待网恋 /129

六、学会文明上网 /132

专题六 性教育

一、正确对待自慰 /137

二、关注异性交往 /141

三、直面孩子"恋爱" /145

四、科学预防艾滋病 /149

专题七 家庭沟通

一、建立和谐关系 /154

二、基于尊重的管教 /159

三、单亲家庭教育 /163

四、参与学校活动 /167

五、营造民主氛围 /171

专题八 父母成长

一、做教练式家长 /177

二、避免亲子冲突 /182

三、审视自我成长 /186

四、激励孩子立志 /190

附录1 家长家庭教育基本行为规范 /195

附录2 全国家庭教育指导大纲（修订）/198

附录3 教育部关于加强家庭教育工作的指导意见 /223

后记 /231

专题一
品德培养

孩子进入初中,就开启了属于自己的中学时代,他们将会面对一个人在自我、同伴、师生、集体、社会、国家等不同生活圈层的新问题,学会接纳不断成长的自己。从身心发展的特点来看,初中阶段的孩子正处于第二性征发育期和心理断乳期。一方面,他们开始更多地关注自己的精神需求。随着独立意识的不断增强,思维的批判性不断发展,他们对问题有更多自己的见解,并希望得到成人的尊重和支持。另一方面,由于生活经验不足,他们的想法往往简单化、容易偏激。在好遐想、渴望独立而又力有不逮的矛盾中,孩子特别需要家长的支持与引导。

然而,对于一些家长来说,初中孩子的品德培养是一个令人头疼的问题，因为有的孩子就是"不听话"，家长似乎没有办法，教育孩子还可能成为家庭不和甚至发生冲突的"导火索"。其实，所谓的"青春期叛逆"，是孩子为了获得更多自主感而与成人（家长、教师）之间的对抗。

《全国家庭教育指导大纲（修订）》要求，在初中阶段家长应当利用日常生活细节，开展伦理道德教育，家长加强自身道德修养，发挥道德榜样作用；把"修德做人"放在首位，强化儿童的伦理道德意识；肯定儿童的自我价值意识，立足道德的积极面引导儿童；创设健康向上的家庭氛围；与学校、社会形成合力，净化家庭和社会文化环境。

本专题围绕品德培养展开，选取正确对待友谊、融洽师生关系、注重"内在美"、培养集体责任、开展法治启蒙、培养爱国情怀等主题进行分析。引导家长慎重处理孩子的交友问题；引导孩子积极、全面地看待老师；保护孩子对美的追求和向往；帮助孩子树立积极的集体生活态度；培育孩子的法治信念；在家庭中具体开展爱国教育等。

专题一　品德培养

一、正确对待友谊

案　例

刚进入初中，小勇便被选拔为学校篮球队队员，同班的小刚也在队里，两人因为爱好篮球运动逐渐成为好朋友。在球队训练之外，两人也形影不离，经常一起吃饭、探讨生活、切磋球技等。然而，突然有一天，妈妈对小勇提出要求，让他减少与小刚的来往，与小刚保持距离，因为妈妈觉得小刚的学习成绩不好，会对小勇的学习造成负面影响。小勇不太能接受妈妈的看法，认为自己和小刚是难得的球友，平时在一起就是聊生活、打篮球，也没有干别的，想不通怎么就影响学习了，于是和妈妈争执起来。妈妈指明，这学期小刚经常来找小勇，而最近期中考试小勇的成绩下滑明显；小勇则争辩，认为是前段时间学校参加市里比赛组织集训，占用了一些学习时间，与小刚无关。最后，妈妈生气地告诉小勇："如果篮球训练影响了学习，那就退出球队，专心用功学习。"

解　析

友谊是一种双向的亲密关系。这种亲密性意味着孩子可以向朋友表露自己的思想感情和内心秘密，对朋友充分信任，确信朋友尊重自己的"表白"，并不会轻易外泄或用以反对自己。无论孩子的朋友是否学习成绩优秀，一旦形成双向亲密关系，就可能对孩子产生积极意义。因为，友谊本身是具有道德意义的，孩子对友谊的体验和认知关联着他们对德性、品质的体验和理解，在对于朋友的意义和友谊内涵的理解中，孩子开始关注并强调利他、理解、公平、宽容、互助、忠诚等德性品质。而家长所看重的交友对孩子的"好处"，不过是交往过程中可能的附带品，它们与友谊本身无关。如果家长过于强调交友的条件，有时候可能会使孩子产生依附、攀比的心理，不利于孩子自尊心的形成和健全人格的发展。

因此，在初中阶段，对于开始寻求独立性的孩子来说，朋友变得日益重要，而他们选择朋友的标准往往不同于家长的视角。很多家长对待孩子交友的看法比较功利，以是否有利于学业成绩为标尺，比如，有的家长希望孩子能和班里学习前五名保持良好关系。上述案例中，小勇的妈妈看到小勇的学习成绩下滑，而他身边的好朋友学习成绩又不好，妈妈很自然地认为小勇是受到了小刚的负面影响，但她在不了解初中生社会性发展的特点及友情需要的情况下，贸然提出令小勇难以接受的要求，并且态度强硬，导致了亲子关系的紧张。事实上，孩子交朋友多是从友谊本身出发，比如，有共同的话语、爱好和志趣，有共同的苦闷和烦恼，性情相近，等等。随着初中阶段孩子交友范围的逐渐缩小，其朋友间的紧密程度会增强。案例中，小勇和小刚成为好朋友，并不是源于学习成绩，而是两人共同的爱好——篮球，通过聊篮球、打篮球，逐渐形成一种双向的、亲密的情感依赖。所以，小勇想不通这种美好的关系怎么会影响学习。

家教指导

很多家长在孩子进入初中以后都会为孩子的交往问题犯愁，担心孩子因交友不慎而影响学习，或者学坏（品行不端）。对于孩子的交友问题，建议家长理解和尊重孩子，一步一步引导孩子认识友谊、认识朋友，助力孩子成长。

1. 不宜让孩子戴着"有色眼镜"去交友

一般来说，初中生校园内的同学交往，不宜让孩子先戴上"有色眼镜"先去分辨所谓的"损友""益友"，然后再去交友。一方面，这个阶段的孩子还有成长的空间，不宜过早下定论；另一方面，每个孩子都不愿意自己被其他人贴上"损友"或"益友"的标签。这种功利的做法，会误导孩子对友谊的认知和理解，不利于孩子的社会性发展。所谓"三人行，必有我师焉。择其善者而从之，其不善者而改之"（出自《论语·述而》），家长应引导孩子多关注同学的优点和长处，即使关系不太亲近的同学，孩子也要学会友善相处。

2. 慎重对待不同类型的朋友

生活中，有很多家长担心孩子与习性不好、品性不良的人接触，会受到负面影响。遇到这种情况，家长确实需要慎重处理。首先，要考虑孩子的这类朋友是校内同学还是校外人员，并对此采取不同立场。如果是校外朋友，家长需要有明确态度，必要时寻求学校、社会的教育合力，避免孩子误入歧途。如果是校内同学，不建议贸然反对孩子交友，家长可以和老师多沟通，了解具体情况后再给出建议，同时鼓励孩子多和优秀、正直的同学交朋友。

3. 与孩子一起聊聊朋友

家长可以和孩子多聊交友和友谊的话题，要让孩子感受到家长与自己站在同一边，帮助孩子形成正确认识，自己学会分析和判断。案例中，如果妈妈不是贸然提要求，而是和小勇一起聊聊这位好友小刚，了解孩子眼中的小刚是怎样一个人，了解孩子与小刚在一起的友情生活，再分析判断小刚是否真的会给小勇带来负面影响，进而提出建议，这样在情感上更容易被孩子理解和接纳。

二、融洽师生关系

案 例

滨滨喜欢上历史课，初一的王老师总会讲一些历史故事，令滨滨入迷。到了初二，换了一位历史老师，新来的李老师与王老师的教学风格迥异。滨滨不喜欢李老师的教学风格，渐渐地对李老师越来越有抵触情绪，历史课上要么插嘴、挑老师的漏洞，要么不听课、偷偷做其他事。一天，滨滨的爸爸接到班主任的电话，说滨滨今天在历史课上与李老师起了冲突，建议家长关注孩子的情绪和态度。

回家后，滨滨说起这件事来仍然情绪激动。原来，滨滨之前拿了自己写的小说文稿找语文老师指导，老师在课间肯定和鼓励了他，并反馈了一些修改意见。在接下来的历史课上，他便偷偷地改小说文稿，结果被李老师发现。李老师要没收文稿，滨滨坚决不给，与老师发生争执。"你认为李老师批评得不对？"在爸爸的追问下，滨滨说出了自己的感受和想法:"他没有王老师教得好,我不想听他的课!"爸爸又问:"那你的历史课程怎么办呢?"滨滨说:"我自己可以看书学习,以后我都自己学。"爸爸看滨滨还有些生气,无奈地说道:"你想自己学也可以,但以后不要再和李老师起冲突,毕竟他是老师,你要尊重他!"

解析

从小学到初中,学习环境、内容和老师等方面的变化会给学生带来新的学校适应问题。其中,对老师的适应问题很值得家长们关注。在小学,大部分孩子很容易接纳并依赖老师。而进入初中以后,随着孩子的社会化发展,师生关系会发生一些变化。初中的师生关系开始变得比较复杂。有的孩子愿意将个人隐私告诉某位自己信赖的老师而不告诉父母,甚至把老师作为自己的榜样。但是,有的孩子也可能会用极端的方式与老师顶嘴,甚至公开与老师作对。因此,如果孩子能适应老师,就可能与老师建立亲近的亦师亦友的关系,而如果孩子不能适应老师,就容易形成较为对立的师生关系。

案例中滨滨最初遇到王老师,被其授课风格所吸引,逐渐形成了对历史老师的认可。后来换了一位老师,就产生新的适应问题，但滨滨仍以既定标准来评判李老师，对老师产生抵触情绪。在案例中，爸爸也不认可孩子的行为，当发现孩子对老师带有情绪时，会首先考虑到对立的师生关系不利于课程学习。然而，爸爸的引导是无力的，他没有引导孩子反思自己对李老师是否真的了解，也没有带领孩子去认识老师、适应老师，而是认可了孩子对老师的感觉和判断，并做出了"你想自己学也可以"的回应。对孩子而言，这是一种来自家长的认可，孩子获得的信息是：你可以不接受李老师，但在表面上还是要与老师和谐相处。这样的引导并不能真正解决孩子的问题，师生矛盾在所难免。

家教指导

在学校生活中，老师是孩子学习的指导者、成长的领路人，师生关系是初中孩子需要认识并处理好的重要的人际关系，良好的师生关系对孩子的学业发展、人格完善等具有重要意义。进入初中，家长应注意预防孩子戴着"有色眼镜"去看待老师，帮助孩子建立良好的师生关系。

1. 引导孩子尊重老师

家长可以有意识地引导孩子去认识老师——从对某位老师、某几位老师的认识，逐渐到对教师职业的认识和理解，让孩子知道每一位老师之所以能成为教师，都需要达到一定的专业基础、学识水平、理想信念等职业要求，从而建立起孩子对老师（教师职业）的认可与尊敬。

2. 引导孩子认识、接纳老师之间的差异

家长需要帮助孩子认识风格不同的老师。由于年龄、学识、生活阅历、个人性格等方面的差异，每位老师解决问题的方法和表达方式会有所不同，他们在课堂上也会呈现不同的授课方式和教学风格。孩子需要意识到老师之间的差异，学会接纳每位老师的不同，善于向每位老师学习。

三、注重"内在美"

案 例

到了初二，妈妈发现志鹏有了一些新的变化：在家每天都要照镜子，一会儿觉得自己这儿不好看，一会儿觉得自己那儿也不好看；买衣服开始对款式提要求，常常要挑选很久。想着是儿子开始"臭美"了，妈妈心里笑笑，也没太在意。到了寒假，志鹏不愿意剪头发，说天太冷要留刘海,家长也随他去。一天下午,他偷偷去理发店把额头前的一缕头发染成了灰白色。奶奶看到志鹏的打扮很不自然,便对他说:"你是一个学生,头发弄成这样,流里流气的!""奶奶,您那是老观念了!现在的年轻人都要追求时尚,我这样挺酷的,这叫个性!"志鹏回答奶奶。奶奶又多说了几句,志鹏就生气地说:"我已经长大了,怎么弄头发是我自己的事,不用您管!"奶奶也生气了,便告诉了志鹏的妈妈。妈妈觉得必须和孩子谈一谈,可她一说志鹏的头发不好看,志鹏就表现出抵触情绪。后来,爸爸回来也很生气,明确要求志鹏立刻把染色的头发剪掉,在父母的监督下,志鹏泪流满面地剪掉了染色的头发。

解析

进入青春期后,孩子会更加关注自己的外表、注重自己的形象。这些是孩子在成长过程中的正常现象。家长可以通过这些现象了解和把握孩子的观念认识和思想状况,并给予适时的帮助和引导。对外形的关注,一方面说明孩子希望被关注、被认可,希望自己受到欢迎,有获得自我认同的需要,家长若注意到,可与孩子深入交流,了解孩子的内在需求;另一方面,这也是孩子向往美的一种表现，但在初中阶段，孩子对美的认知比较肤浅，个人审美受青少年文化（特别是青少年流行文化）影响较大，容易盲目地模仿成人或心中的偶像，在外表装扮上做出一些自以为美的、不适当的表达。对此，家长需要认识到孩子不适当的表达有其内在需求，这是孩子自我意识确立的开始。

  案例中的志鹏，先是在假期里留了长发。妈妈一开始注意到孩子行为的变化，但是没有在意，没有想要去了解孩子内心世界的变化，失去了及时沟通与引导的机会，这才有了后来的染发事件。而父母对染发事件的处理方式是强行制止，缺乏对孩子内心世界的关心和引导。孩子剪掉染色的头发是迫于父母的压力，他还不能真正接受父母的态度和看法。父母对孩子行为的认识也有偏差，没有能透过现象看到孩子内心真正的需求，只有关切到孩子的内心需要，即追求自我美的需要，才有可能真正帮到孩子。

家教指导

  很多家长都反映孩子上了初中以后更加"爱美"，但对孩子的爱美却有不同态度，有的家长会警惕孩子沾染恶习；有的家长认为注意仪表是好事；有的家长觉得只要不影响学习怎么打扮都可以……其实，面对孩子的这种变化，家长至少应当做到以下三点。

1. 保护孩子对美的追求和向往

当家长发现孩子有爱美的表现时，不能一味地打击、批评孩子，要更多地了解孩子内心的想法。在上述案例中，面对孩子的染发行为，家长要认识到，染发等追求个性美的行为，往往是孩子自我意识确立的开始（所谓心理断乳期的开始），孩子只是选择了这种形式，如果表达中有不当之处，可以引导孩子以更好的方式追求个性美。如果家长不是一味否定和施压，而是换一种平等地探讨的方式，比如说："你突然染了头发，妈妈还有点不习惯，怎么想要去染头发呢？"这样展开交流，家长可能就会发现孩子对美的看法、对自己的看法、对身边同学的看法等。家长可以肯定孩子想要追求更美的自己的态度，保护孩子的自尊心和自信心。

2. 引导孩子建立正确、完整的审美观念

家长需要引导孩子追求自然、健康和适合自己身份的仪表美，学会认识"内在美"，逐渐建立正确的、完整的审美观念。当孩子过于关注外表美时，家长应当让孩子认识到它只是"美"的一种表现，并不是全部，还需要有

"内在美"的充实。

3. 与孩子进行角色扮演，讨论和深化正确的审美观

家长可以与孩子就故事、影片、歌曲等素材中的人物角色进行讨论，对"美""丑"进行深层次的评价和探讨，引导孩子对美的认识从人的外表转向人的内心。此外，话剧体验也是一种好的方法，可以在家庭中进行角色扮演，既满足孩子尝试外表装扮的需要，也可以在角色互动中带领孩子感受、解读不同的人物形象，逐渐学会人格审美。

四、培养集体责任

案例

最近，班主任宣布班里将增设一些班级事务服务岗，欢迎同学们踊跃报名，为班级服务。小玥对法律很感兴趣，想成为法治宣传员，便报名参加竞选。爸爸表扬她有上进心，妈妈也认可她的做法，并鼓励她好好准备。一周以后，竞选结果出来，小玥没能选上法治宣传员，但黑板报主编还没有人选，班主任便推荐小玥来做这件事。小玥有些失落，也很犹豫，她告诉妈妈自己不想做黑板报主编。

专题一　品德培养

当妈妈问及原因时,小玥说:"我对这些事务没有太大兴趣,因为法治宣传员可以有很多学习法律的机会,我才去竞选的。现在让我做黑板报主编,太浪费时间了,我不想做。妈妈,您可不可以帮我去和老师说说?"听了小玥的话,妈妈认真地说:"在班级里为大家做事,要有公心,不但要为自己负责,也要为大家负责。这是一种做人做事的学习和锻炼!妈妈觉得你现在需要这方面的锻炼,不妨试一试,看自己能不能胜任黑板报主编的工作。但如果你确实很不想做,也不要勉强,应该自己去和老师坦诚说明,把机会留给更有意愿的同学。"小玥听了妈妈的话,暗暗下决心要做好黑板报主编的工作。一学期下来,征稿、催稿、编辑、版面设计……为了编好黑板报,小玥主动与同学交流、合作,感觉自己比以前开朗多了,生活也更加充实。

解析

初中阶段孩子正处于责任感发展的重要阶段。所谓责任感,主要是指一个人对国家、集体和他人能自觉地承担和完成应当做好的分内之事的情感。如何体认"分内之事"是孩子形成责任感的关键之一,这也与孩子的自我发展相关联,只有当孩子将集体的事真正看成是"我"的事，将自我认识、自我认同扩展到集体层面，才可能认识和理解自己在集体生活中的角色和作用，在为集体做事的过程中更好地融入集体生活。因此，培养孩子的集体责任感，绝不是可有可无的，而是为促进孩子学校适应和社会性发展的必然努力。

案例中的小玥已经有一定的自我责任意识，比如注重自己的兴趣，希望为自己争取学习机会等，但对集体还不太负责任——更多地以自我为中心，觉得只要做好自己的事情就可以了，对集体事务、集体活动不够积极，觉得做集体的事情会浪费时间和精力，这是一种不愿意承担责任、缺乏集体责任感的表现。小玥的妈妈则认识到培养孩子集体责任感的重要性，她为孩子指明"在班级里为大家做事……是一种做人做事的学习和锻炼"，并鼓励孩子挑战自己，尝试为大家做点事。妈妈的教导是温柔而坚定的，既保护了孩子的自尊心、自信心，又指出了孩子存在的问题，还给予孩子及时的指引和鼓励。

家教指导

随着孩子自我意识的发展，他们在初中阶段逐渐减少对家长和教师的心理依赖，希望成为一个独立的人，便产生对自己、对他人负责的内在需求。家长可以顺应孩子的这一发展特点，逐步培养孩子在集体生活中的责任感。

1. 帮助孩子树立积极的集体生活态度

家长需重视孩子的集体生活，支持并鼓励孩子积极参与集体事务、集体活动。如果家长对孩子的集体活动不屑一顾、不闻不问，只是一味地强调孩子的学科学习、考试成绩，孩子也会习得家长的态度，在集体生活中表现出不关心和冷漠。上述案例中，假如小玥的妈妈支持孩子的想法，甚至帮孩子去和班主任沟通，小玥可能会继续待在一个比较狭小的自我世界里，学不会与人沟通合作。

2. 教孩子正确看待集体和集体的发展

每位家长都希望孩子能进入一个好集体，而初中生对"好集体"也开始有一些自己的认识和看法，但还不全面，当现实的集体生活与理想状态出现较大差距时，孩子容易产生指责和抱怨。初中生尤其需要懂得：每一个集体都有从建立到发展和不断完善的过程，集体的发展与个人的成长息息相关。换言之，当孩子参与集体事务、促进集体的发展时，他自身也在这个过程中得到锻炼、获得发展。因此，家长至少可以明确两点：一是告诉孩子不要抱怨集体；二是让孩子懂得一个人要通过促进集体的发展来获得个人的发展。

3. 鼓励孩子在集体中承担角色和任务

每个孩子都可以为集体做力所能及的事，有了角色就有了责任。家长需要提醒孩子承担责任会有一定的压力、辛苦的同时，要鼓励孩子行动起来，不做热情的旁观者，要做集体的主人翁，发挥所长，为集体出力。

4. 注重孩子在集体生活中发展道德品质

参与集体事务、承担角色、担负责任的同时，家长要有意识地关注孩子一些重要道德品质的发展，比如集体责任感、集体荣誉感、团队意识、奉献精神等，这些品质只有在融入和参与集体建设的过程中才可能真正由内而外地激发和生长，它们是助推孩子未来参与和融入社区生活、社会工作、国家建设等的重要品质。

五、开展法治启蒙

案 例

15岁的小朱因为班里的一个女同学与邻班的小李产生了矛盾，他心里不平、想报复小李，便找来平时交情很好的"哥们儿"小苏、小万和小牟，商量着要教训小李一顿。小苏、小万一听小朱讲了事情的缘由以及打算如何教训小李后,立马表态要为小朱挺身而出,小牟虽然理解小朱的心情,但觉得小朱的做法有些欠妥,迟疑不决。小朱见小牟犹豫,便对他说:"你放心,我们在校外动手,不会让老师知道。你要实在不放心,大不了不出手,在一旁帮我们助助阵,长点气势!"小牟答应了。在去找小李的路上,小苏提议,可以顺便从小李身上要点儿钱,小朱和小万赞同,小牟没有表态。一会儿,到了小李家附近,小朱找了一个偏僻的拐角,小万以班里那个女同学的名义把小李骗出来带到拐角处,随即与小苏一起把他摁住,小朱恶狠狠地说了几句便开始对小李拳打脚踢,没挨两下小李便一边道歉一边哀求别再打他,小牟在一旁建议让小李知道点厉害就行了,小苏趁机提出让小李拿200块钱,小李说自己身上没钱,小朱从他的裤兜里搜出40元钱,便又是一顿拳打脚踢。小李受伤后回家,家长立刻报了案,小朱、小苏、小万和小牟被叫到了公安局。公安机关根据《中华人民共和国治安管理处罚法》与《中华人民共和国预防未成年人犯罪法》对4人做了相应处理。

解析

在初中阶段，一些孩子容易与成人产生疏离或对抗，更多依赖同伴群体，如果缺乏法治意识，容易误入歧途。最高人民法院发布的司法大数据专题报告显示，2016年全国未成年人犯罪案件中，被告人以初中生为主，占比达62.63%。

案例中，小朱因为与同学的矛盾而产生了报复心理，想教训小李出气，他和他的"哥们儿"可能觉得这只是他与小李之间的个人恩怨，闹不出什么事来，为了不让老师知道，他还特意选择在校外动手。小苏、小万和小牟为着"哥们儿"义气参与到这件事中来。从小苏和小万的行为来看，在他们的意识里，"哥们儿"义气重于规则、规范，而小牟虽然觉得不妥，但在小朱的保证和劝说下，还是参与助阵。根据《中华人民共和国治安管理处罚法》第二十六条，他们的行为属于侵犯他人人身权利行为；根据《中华人民共和国预防未成年人犯罪法》第十四条，他们的行为属于未成年人不良行为，"打架斗殴、辱骂他人""强行向他人索要财物"。发生这样的事情，学校也有责任，但家长作为孩子的监护人存在着严重的教育失职。如果小朱等的父母对此仍然觉得只是孩子不懂事、不争气，而意识不到孩子的行为存在不良的社会影响，孩子或家庭都需要向社会负责，那么家长首先需要接受法治教育。相较而言，小李的家长具有一定的法律意识。孩子挨打受伤，他们第一时间选择了报警，而不是打击报复，懂得运用法律武器来保护自己。

家教指导

加强青少年法治教育，使广大青少年学生从小树立法治观念，养成自觉守法、遇事找法、解决问题靠法的思维习惯和行为方式，是学校、家庭与社会的共同责任。对家长而言，有意识地帮助孩子增长法律知识、增强法治意识，也是促进孩子社会性发展的重要内容。家长至少可以在以下四方面有所作为。

1. 帮助孩子树立行为的底线意识

家长首先要有法律意识，在生活中注意加强法律知识学习，多与孩子探讨生活中的法律常识，让孩子感受生活中处处有法律。同时，家长要提醒孩子无论是何缘由，都要遵纪守法，明确生活中什么事可以做、什么事不可以做，树立底线意识。

2. 让孩子明白法律既是一种约束，也是一种保护

法律约束人们的行为，调整社会关系，维护社会秩

序，人们也因此受到法律的保护。通过解决纠纷、制裁违法犯罪活动，法律惩恶扬善、伸张正义，保护每一位公民的合法权益。

3. 培育孩子的法治信念

孩子不仅要学法、懂法，还需要有对法治的信念。只有孩子真正相信法治的力量，才能依法办事、依法维护自身权益。在这方面，家长需要为孩子树立榜样。只有家长相信法治，才能教导孩子。家长还应意识到，法治是一个不断建设和完善的过程，没有完美的法治社会，却有不断进步的法治社会。培育孩子的法治信念，鼓励孩子成为法治社会的参与者、推动者。

4. 注重宪法教育和未成年人保护法教育

在初中阶段，国家法治教育的主要内容包含宪法教育、未成年人保护法教育等，家长可以有意识地在家庭生活中结合相关内容对孩子进行法治教育或者和孩子一同进行相关法治内容的学习。其中，宪法教育有助于孩子树立最基本的法律意识，了解我国的国家机构、公民基本权利和义务等；未成年人保护法有助于孩子了解国家针对未成年人的"四大保护"，即家庭保护、学校保护、社会保护、司法保护，相关内容的学习有助于提升孩子的法治意识。

六、培育爱国情怀

案 例

几乎每个月,爸爸都会在周末带着洋洋"馆游"。这个周末,他们去了科技馆,洋洋最感兴趣的是"新型材料"和"太空探索"两个展区。在"太空探索"展区,爸爸带洋洋观看了长征二号F型火箭的发射过程的演示,深入了解火箭从起飞、逃逸塔分离、助推器分离到一、二级火箭分离、整流罩分离,最后船箭分离的具体过程。洋洋问爸爸:"是谁发明的运载火箭啊?"爸爸就给洋洋讲了我国第一颗人造地球卫星的故事。洋洋听了,感到非常激动和自豪。忽然,儿子拿过爸爸的手机打开地图定位,指着上面的定位图标问爸爸:"现在是不是有一颗卫星正在向我们的手机发送信号?""对!""是中国的卫星吗?""或许吧?"洋洋疑惑地看着爸爸,爸爸解释道:"这需要查询一下手机中的芯片支持接收哪些卫星的信号。""哦!咦,我听您之前提过,有人说中国缺'芯',中国的芯片不行吗?"洋洋又被唤起了好奇心,缠着爸爸给他讲一些关于芯片的知识……

解 析

概念学习与体验学习相结合是初中孩子道德学习的重要方式。如果说在小学阶段，进行爱国主义教育要注重对孩子的情感熏陶，由爱父母、爱家乡、爱国旗国徽、学唱国歌等身边的事情做起，逐渐增加爱国人物、革命传统的故事教育，那么到了初中，就需要适当增加一些概念知识作为支撑，引导孩子了解当代中国，帮助孩子树立远大理想。

洋洋爸爸的教育方式符合初中生的道德学习的特点。他带孩子去科技馆参观，既是玩也是学习。科技馆里丰富的展示信息有助于激发孩子的兴趣，刺激孩子对问题的思考和探索，而爸爸既是陪伴者、对话者也是引导者，这一切都是自然而然地发生。难能可贵的是，爸爸带孩子在科技馆参观，不仅是为学习科技知识，还有对国家发展的关切和了解，可以激发孩子的爱国心。孩子对科技的关注就与对国家的关切隐隐地连接起来，无论是后来讨论导航卫星还是芯片，都会想到"国"。这样的知识学习伴有情感，这样的爱国教育润物细无声。

家教指导

很多家长都知道爱国很重要，但行动上却做得很不够。培养孩子的"中国心",家长可从以下几方面做起。

1. 重视孩子的爱国主义教育

有的家长认为,爱国主义教育主要是学校的任务,家长只需要配合学校就行了。还有的家长认为,爱国主义教育与孩子的学习无关,不用刻意为之。这种想法把孩子的知识学习与价值学习分割开来,殊不知爱国主义教育能够扩展孩子的自我认识、带给孩子更大的格局,好的爱国主义教育会激励孩子的全面发展。比如案例中的洋洋,对国家发展的关切可以激励他对知识领域的好奇、关注和探索。

2. 通过媒介资源,培养孩子的国家意识和爱国情感

在家庭生活中,充分利用爱国主义教育的专题节目、影片、纪录片等大众传媒资源,和孩子一同观看和体会。通过"过去—现在—未来"的时间线索展开对孩子的教育,让孩子通过历史的学习与考察了解国家发展的历程,特别是了解新中国成立以来,中国共产党领导中国人民艰苦奋斗、建设社会主义国家的历程,使孩子建立对国家的历史感,对党领导国家发展的理解与认同;让孩子通过关联国家未来发展与自身未来的畅想(亲子讨论、孩子自我理解等方式),建立孩子与国家命运的一体感和忧患意识。

3. 和孩子一起走进博物馆、纪念馆、科技馆等公共文化场馆

带着孩子参观博物馆、纪念馆、科技馆等公共文化设施，既能丰富孩子的闲暇生活，又能强化孩子的担当意识和家国情怀。比如，在参观科技馆中，让孩子通过对现代科技与信息等方面发展的了解，大致把握国家发展的现状，意识到自身所处的时代及国家的处境，了解中国共产党领导中国人民实现中华民族伟大复兴的愿景、决心和不懈努力，建立孩子与党和国家的联系感和紧密感，增进爱国情感。

专题二
学习指导

进入初中，随着学校学习科目的增多和学习内容难度的加大，将面临中考的激烈竞争，学习成为孩子生活中越来越重要的组成部分。同时，家长对孩子的学习愈发关注，时时监督孩子的学习，为孩子报各种学科辅导班，在一定程度上也给孩子增加了不少负担。

对于初中生面临的学习问题，家长的主要任务是：帮助儿童树立正确的学习目标，将学习的外在动力转化为内在动力；培养儿童勤奋学习、持续学习的意志力；重视儿童学习方法和学习习惯的养成，帮助儿童提高制订合理的学习计划的能力；指导儿童正确应对学习压力，克服考试焦虑，在儿童考试受挫时鼓励儿童。考虑到初中生的情绪不稳定，容易否定自己，更容易感到学习压力和考试焦虑，家长除了要关注孩子的学习成绩之外，也要关注孩子的学习习惯、兴趣爱好、情绪状态等影响学习的因素，从不同侧面发现孩子的优势，帮助孩子树立对学习的自信心。

　　本专题围绕学习指导展开，选取培养学习兴趣、掌握学习方法、提高学习效率、选择补习班、平衡学习和爱好、缓解中考焦虑、合理减负增效、加强劳动教育等主题进行分析。同时引导家长培养孩子学习兴趣；帮助孩子掌握学习方法；组织适量的家庭活动，提高孩子的学习效率；根据孩子的需求，有针对性地选择补习班；多关注兴趣爱好给孩子带来的"隐性价值"等。

一、培养学习兴趣

案 例

　　妮妮早上经常不想起床去上学，放学回家只想看电视、玩游戏，还总说学习没意思。有一天，妮妮的妈妈催促她去学习，她却跟妈妈说："妈妈，为什么要不断做这些题目呢？特别没有意思，而且我现在学的这些东西，以后工作的时候也用不着，我还学它们干什么呢？"妈妈一时语塞，不知道该如何回答孩子的问题。

解析

学习兴趣是促使孩子主动探索知识、加强自主学习的一种内在力量，主要包括直接兴趣和间接兴趣两种。所谓"直接兴趣"，就是由所学的知识或学习过程本身引起的，比如孩子觉得古诗词很美，很想诵读更多的古诗词；所谓"间接兴趣"，就是由学习的结果引起的，比如孩子觉得考一个好成绩可以得到家长的奖励，于是考前就认真复习。有些时候，学习的直接兴趣和间接兴趣是融合在一起的，也可能开始对学习有间接兴趣，然后逐渐转化为直接兴趣。比如，刚刚诵读古诗词时得到了家长的肯定和赞赏，孩子就会持续学习，随着学习的深入，逐渐发现古诗词的意境、修辞非常美妙，间接兴趣进而转化成了直接兴趣。无论是对学习的间接兴趣还是直接兴趣，都可以促进孩子的学习，提高学习效果，但直接兴趣更容易保持下去，有利于提高学习的积极性。

在案例中，妮妮觉得学习本身是一件"没有价值""没有意义"的事情，因此学习兴趣不高，这是一个正常现象，尤其是进入中学阶段之后，学习内容逐渐增多，学习难度也逐渐加大，繁重的学习任务导致学生的学习兴趣逐渐降低，这时就需要家长帮助孩子培养学习兴趣，尤其是学习的直接兴趣。

家教指导

1. 引导孩子将学习与现实生活建立联系

学习的内容来源于生活，教育教学也要基于生活。当孩子对学习产生厌烦情绪时，引导孩子将学习内容与生活建立联结，可以激发他们对学习的兴趣，让孩子对学习保持热情。例如，对于写作文而言，很多孩子常常不知道写什么、怎么写。其实，想要写好作文，一定要深入体验生活。家长可以引导孩子认真观察生活中的人和事物，从生活中寻找写作文的素材。比如，假期全家人计划去西双版纳旅游，可以引导孩子想想地理课上学到的关于西双版纳的知识，想想去西双版纳要穿什么样的衣服、去吃当地什么美食、去哪些景点游玩等，这样可以让孩子将地理课与生活建立联系，活学活用，知道知识来源于生活也应用于生活，从而激发孩子的学习积极性。

2. 通过目标引领孩子学习

一个好的学习目标可以指引孩子的学习，让孩子知道自己在学习过程中要达到的预期结果是什么，能明确自己努力的方向。家长可以通过和孩子制订"梦想记录手册"的方式，引导孩子制订目标。具体步骤如下。

第一步，先写下自己的"梦想目录"，让孩子明确自己最终的目标。梦想可以是近期想要实现的学期目标、想要学会的东西，也可以是未来想要从事的职业、自己的理想等。

第二步，绘制"梦想路线图"。把短期目标、中期目标、长期目标一一列出来。例如，孩子的梦想是当一名英语教师，家长就可以和孩子一起画一条弯弯的小路，路的尽头就是孩子的终极目标——"当一名英语教师"。然后再和孩子一起分析，把每一个要实现的目标，按照时间顺序画在通向终点的小路上，比如，应该认真学习英语、报考教育专业或英语专业、考取教师资格证等。

第三步，制订"路程记录表"。家长要着重帮孩子制订针对现阶段的学习计划，先实现短期目标。例如，想要"当一名英语老师"，首先就要提高自己的英语水平。家长可以和孩子制订每天的英语学习计划，比如，每天背5个新单词，每天读10分钟的课外英文读物等。

第四步，做好"梦想反馈案"。制订好学习计划之后，可以在计划表后面再加上一栏"反馈执行情况",每晚睡觉前根据孩子当天的表现,让孩子对自己进行反馈。同时,家长如果看到孩子坚持得很好,就要及时给孩子表扬和鼓励;如果孩子做得不好,就要告诉孩子哪里需要改进。

3. 从多角度评价孩子

教育工作者常说"多一把尺子就多一批好学生"。每个孩子有各自的优点和发展节奏,想要让孩子建立学习的信心,家长需要从多角度评价孩子。很多家长可能会更关注孩子的学习成绩,所以经常用孩子的考试成绩来评价孩子。但是,除了学习成绩之外,还有很多影响学习的重要因素,例如,学习习惯、兴趣爱好、积极向上的情绪状态,等等。家长可以尝试从这些不同的侧面发现孩子的优点,多鼓励表扬孩子。也许短期内,孩子某一学科的成绩不一定有太大的提高,但如果孩子回家主动去写作业了,遇到难题先自己思考解决方法了,家长就要及时表扬孩子的进步,让孩子知道原来自己在某些方面也有进步,也很优秀,从而体验到成功感,逐步建立起对学习的信心。

二、掌握学习方法

案 例

乐乐刚上初中的时候,成绩在班里还属于中上等水平,可是几次考试下来,成绩却退步到了中下等。爸爸给他制订了严格的学习计划表,只要孩子在家,就让他学习。乐乐也很配合,每天回家吃完晚饭就开始写作业、背书,作业常常写到夜里十一点多,周六、周日还去上辅导班。然而,半个学期过去了,乐乐脸上的笑容少了,学习态度也不像以前那么积极了,成绩也没有多大起色,这让乐乐的爸爸非常发愁。

解 析

到了中学阶段,孩子自主学习的时间逐渐增加,独立学习的能力不断增强,中学生也可以掌握更多的学习方法。学习方法的掌握受到兴趣、知识基础等方面的影响。如果孩子是为了兴趣而学习,他们就会主动追求适合的学习方法,例如,深入钻研、尽力去理解学习内容的意义。另外,已有知识对学习方法有很大影响,有时候孩子学不会新的学习方法,可能是因为他们没有掌握好以往的知识。

案例中，乐乐花在学习上的时间和精力非常多，但成效甚微。乐乐的学习效率低，很有可能是因为他没有掌握适合自己的学习方法。

家教指导

进入中学阶段，孩子的学习任务加重、内容增多、难度加大，需要掌握更多、更有效的学习方法。家长在帮助孩子掌握学习方法时，应该注意以下五点。

1. 帮助孩子认识到学习方法的重要性

想让孩子学会和掌握高效的学习方法，首先就要让孩子理解学习方法的价值，以调动孩子的积极性。以识记化学元素周期表为例，孩子一般会使用复述的记忆策略，通过反复诵读的方法记忆。家长可以教给孩子通过谐音的方式记住每个周期的元素，如第一周期的"氢氦"可以记成"侵害"，第二周期的"锂铍硼碳氮氧氟氖"可以记成"鲤皮捧碳，蛋养福奶"等，通过这种方式将无逻辑的、抽象的信息和有趣的、古怪的信息联系起来，可以记得更快、更好。等孩子尝到使用新方法的好处，知道使用技巧比不使用技巧更有效之后，就会自觉地使用这一方法。

2. 提供学习方法的具体步骤

当给孩子介绍新的学习方法时，一定要提供学习方法的具体步骤，让孩子清晰地了解到每一个步骤，便于操作。例如，告诉孩子思维导图是一个极富创造性的工具，可以厘清思路、整理信息、管理知识等，如果孩子愿意尝试这种新的方法，家长就可以一步步地告诉孩子具体如何操作：第一步要准备若干张空白的大白纸和笔；第二步要熟悉所需整理的材料，明确制作思维导图的目标，即核心概念（如数学课本某一个单元名称）；第三步要梳理基本分类概念，明确分类概念和核心概念的关系（如核心概念是单元名称，每一课的名称可以作为分类概念）；第四步就是精读阅读材料，补充思维导图的细节信息（如每节课里包含的知识点以及各知识点之间的关系），对思维导图的线条、内容等进行调整和完善。

3. 提供具体的事例

家长要根据每种方法选择较多的恰当事例，说明这种方法应用的多种可能性，使孩子形成直观的、整体的认识。例如，教给孩子绘制思维导图时，可以给孩子呈现一些已经绘制好的思维导图，从而加深孩子对方法的了解和认识。

4. 告诉孩子具体的使用条件

让孩子了解不同学习方法的使用条件，什么时候适合、什么时候不适合，使他们学会根据具体任务与情境，选择适当的方法。例如，当知识点繁杂、理不清楚的时候，可以使用思维导图来画知识点的结构图；当需要诵记的内容没有逻辑的时候，可以使用编顺口溜、谐音联想等方法建立知识点之间的联系等。

5. 要求孩子评价学习方法的有效性

当孩子学会使用某一种学习方法后，让孩子将这种方法迁移到另一个学习任务上，然后评价方法的有效性，这样可以帮助孩子明确方法为什么有用，哪一种方法更适合自己，再次调动孩子自觉使用新方法的积极性。

最后，需要提醒的是，孩子学习和掌握新的方法需要一定的时间，家长教给孩子新方法时要有耐心，还要及时鼓励孩子，让孩子相信自己有能力学会各种知识，有能力掌握各种学习方法。当孩子采用了一些新方法或者自觉地使用某种学习方法时，家长应该及时给予鼓励和肯定，这也是孩子不断寻找最优学习方法的动力之一。如果遇到失败和挫折，跟孩子一起分析原因，看看是方法使用不当、粗心，还是有其他原因，帮助孩子学会客观、正确地看待失败，并鼓励孩子寻找其他资源的支持以解决问题。

三、提高学习效率

案 例

康康是初二的学生，康康的妈妈把他的课外学习时间安排得满满当当。某个周末，康康上午上作文课，下午补习英语，晚上还要写作业。康康觉得自己太累了，每天都在不停地学习，连玩的时间都没有，就请妈妈给自己少报个班。可是妈妈不同意，认为要想学习成绩好，就得多上补习班。妈妈还说，那些成绩好的孩子课外时间都是这么安排的。

解 析

美国心理学家比顿研究了学生课后学习时间对学习效果的影响。研究结果表明，包括中国在内的绝大多数国家，学生课后学习和做作业的时间与学习成绩呈现一种"倒U形曲线"，即随着学习时间的增加，学习成绩提高到一定程度后又开始下降。因为学习时间增加到一定程度后，会产生一些消极的结果，比如孩子的疲劳感增加、学习兴趣降低、注意力不集中、学习效率降低等。

案例中康康的妈妈为了能让孩子提高成绩，不是让孩子去上补习班，就是让孩子写作业。孩子除了睡觉和吃饭，几乎没有娱乐时间。甚至有的家长认为孩子在学生阶段的任务就是学习，时间也应该都花在学习上。

家教指导

一味地增加孩子的学习时间，并不一定会提高孩子的学习效率。想要帮助孩子提高学习效率，家长就要学会合理规划孩子的家庭学习时间。

1. 要保证孩子的有效学习时间

有效学习时间是指孩子在学习过程中真正投入到学习中、不被其他因素干扰的时间。假设一个孩子持续学习3个小时，但只掌握了50%的内容，另一个孩子集中注意力，全身心投入到学习中，学习了90分钟就可以达到同样的效果。两者相比，虽然有效学习90分钟和非有效学习3个小时的结果是一样的，但是两个孩子的感觉却完全不同：后者的学习时间较短，所以孩子会更少出现抵触和厌学情绪，还有更多时间去做其他事情，带来的收获更多。

家长可以使用番茄钟学习法，合理安排每天的学习时间，帮助孩子提高学习效率。番茄钟学习法的核心就是把时间切割成多个以25分钟为单位的番茄时间，每工作25分钟，休息5分钟。首先，家长可以把孩子当天需要完成的几项学习任务进行综合考虑，将任务分成若干个番茄时间段，然后将每一个番茄时间段需要完成的任务清晰地列出来，例如，一个番茄时间完成数学小卷，一个番茄时间完成历史作业等。第二步，使用定时器、闹钟等设定番茄钟，时间是25分钟，跟孩子约定好：在这个时间段内，专注于确定的学习任务，中途不允许孩子做任何与该任务无关的事情，直到番茄时钟响起，然后在已完成的任务后面画一个对钩，短暂休息一下，大约5分钟。接着，继续下一个番茄时间，以此类推，每完成4个番茄时间段，可以多休息一会儿，例如20分钟。

2. 组织适量的家庭活动让孩子放松

很多孩子周末的时间不是被作业填满，就是被各种兴趣班填满，缺少玩耍的时间。这使许多家长错误地认为，孩子学习成绩好要么是聪明，要么是靠多花时间。其实，孩子的情绪、人际关系等因素在孩子的学习中也十分重要。人在心情愉快的情况下，注意力、记忆力、分析和解决问题等能力都要明显高于在情绪低落的时候。另外，和谐的亲子关系、良好的家庭环境也可以提高孩子的学习效果。因此，家长可以和孩子一起组织适量的、多种类型的家庭活动，包括以学习为主的活动（如一起逛博物馆、展览馆）、以放松为主的活动（如一起看电影、一起去公园露营野炊）、以锻炼为主的活动（如一起爬山、滑雪）等。这样既能使孩子适当放松，也能拓展孩子的视野、锻炼其他能力，使孩子学到更多知识。

3. 一定要保证孩子足够的睡眠时间

家长看到孩子做作业、学习到深夜，一定都会有种既欣慰又心疼的复杂情感。其实，熬夜学习不仅会影响孩子第二天的精力和效率，对记忆本身也有很大的损害。2019年，美国《科学》杂志的一项研究发现，睡眠的过程其实是大脑对一天的记忆进行整理和修复的过程，充足的睡眠可以让人"变聪明"，睡眠不足会让人"变傻"。只有保证充足的睡眠，才能将前一天不必要的"记忆缓存"清理，对有用的信息进行巩固。因此，家长一定要重视孩子的作息，给孩子留出足够的睡眠时间。

四、选择补习班

案 例

圆圆的班主任跟圆圆的妈妈反映,说圆圆最近上课总是注意力不集中,经常在下面画画或者看课外书,不认真听老师讲课。圆圆的妈妈得知情况后,赶紧回家问圆圆为什么上课不认真听讲,圆圆却说:"老师上课讲的内容我在暑假上补习班的时候都学过了,再听老师讲一遍实在是太无聊了!"圆圆的妈妈这才意识到,她担心圆圆上了初中会跟不上,就在暑假给她报了补习班,提前学习一下初中的课程,结果却起到了相反的作用。

解 析

补习班是以提高成绩为目的的一种课外辅导方式,但学校教学是孩子学习的主要方式,课外的补习班只是学校教学的补充,让孩子参加补习班也只是为了满足孩子的个性化需求。例如,随着学习内容难度的增加,从小学中高年级开始,部分孩子出现学习分化的现象,个别学科或一些学习内容需要特别的指导,而学校教学又不能提供特殊的帮助时,可以适当到校外机构寻找个性化的辅导以帮助孩子。但是，像圆圆的妈妈那样，因为担心孩子跟不上学校的课程，就提前报班，让孩子学习学校里还没讲到的知识，导致孩子觉得课堂上的内容可听可不听，对学习内容也没有兴趣，结果适得其反。

家教指导

在给孩子选择补习班之前，家长需要先询问孩子的意见，了解孩子是否认为需要学习上的辅导、是否愿意去补习班学习。如果孩子同意了，在保证给孩子留出充足休息时间的基础上，家长可以给孩子选择合适的补习班；如果孩子不同意，则要与孩子做好沟通。同时，家长可以提前跟孩子的任课老师沟通，听取老师的意见，以便做出明智、理性的决定。当决定给孩子报补习班后，家长可以参考以下事项，给孩子选择一个合适的补习班。

1. 要根据孩子的需求，有针对性地选择补习班

选择补习班时要结合孩子的实际情况和需求，学习成绩好的孩子需要去进一步拓展和提升的补习班，学习成绩较差的孩子需要去查缺补漏、打基础的补习班，不可盲目拔高。维果茨基的"最近发展区"理论指出，教学要想取得效果，必须考虑孩子的两种发展水平：一种是孩子现有的发展水平，另一种是在他人指导的情况下可以达到的较

高的解决问题的水平,这两者之间的差距就叫作"最近发展区"。如果补习班的教学内容落在孩子的"最近发展区",让孩子努力跳一跳就能达到,效果将会是最好的。

2. 选择有实际反馈的补习班

建议家长选择有实际反馈的补习班,因为准确的、具体的学习反馈有助于提高孩子的学习效果,让家长和孩子了解哪些地方孩子掌握得较好,哪些地方孩子还有待提升,而无反馈和模糊反馈的补习班,就与孩子自学的效果相差不大,只是多了一个监督的人而已。如果每次补习班的老师对孩子的评价都是"挺好的""正在慢慢进步"等模糊的反馈,可以考虑退出或更换补习班。

3. 要持续追踪补习班的效果

在给孩子报了补习班后,持续追踪补习班的效果也很重要,家长可以通过以下三个问题来追踪补习班的效果。

第一,孩子的学习能力是否有所提升。孩子的学习成绩、学习能力等都是评估辅导班有效性的重要指标,孩子的学习成绩可能不会立竿见影地有所提升,但家长可以看看孩子其他方面的学习能力是否有所提升,比如思考问题的角度、思考过程的连贯性等。

第二,孩子的学习兴趣是否有所增强。有很多补习班为了达到让学生成绩提升的效果，常常是给孩子布置很多习题，让孩子不断刷题，或者给孩子提供很多整理过的复习资料，让孩子熟记，这样考试时遇到类似的问题，孩子做过或背过，就比较容易得高分，但是这样的学习方式会增加孩子的学习负担，久而久之，孩子对学习就会变得麻木，很容易失去学习兴趣。

第三，孩子在学校的学习表现如何。这个问题其实就是在提醒家长要处理好课外补习班与学校学习的关系。课外补习班只是对学校学习的补充，相当于给孩子"加餐"，学校学习才是孩子的"主食"。有些孩子在补习班上学得很认真，或是在补习班上已经学了，在学校就放松了，甚至出现不认真听讲的现象，那么家长就需要考虑如何处理课外补习班和学校学习的关系。同时，家长需要和老师定期进行沟通，根据孩子在学校的表现和学习情况进行抉择。

专题二 学习指导

五、平衡学习和爱好

案 例

最近豪豪因为学画画的事情跟妈妈产生了很大的分歧。豪豪从小就很喜欢画画,每周末都会去画室待上半天,妈妈以前对儿子的兴趣爱好也很支持,觉得学画画既能让孩子有一技之长,也能缓解学习压力。可再过几个月就要中考了,豪豪的成绩又不是很理想,妈妈觉得画画很占用他的学习时间,希望豪豪把兴趣爱好先放一放,专心学业。但是,豪豪对妈妈的这个观点很不认同,经常跟妈妈说:"妈妈,我知道学习很重要,可是每天的学习特别枯燥没意思,我去画画就可以放松一下,而且老师一直夸我画得很好,现在画画是我唯一的乐趣了。"但妈妈却说:"妈妈不是说要剥夺你的乐趣,但是你要是连个高中都考不上,你就没前途了呀!"妈妈和豪豪谁也不能说服谁。

解 析

初中阶段是孩子学习的一个关键时期,关系到孩子未来的升学和就业,需要孩子将大多数的时间和精力放在学习上。但是,兴趣的发展也非常重要,这关系到孩子的性格养成、职业规划等。因此，在初中阶段，培养孩子的兴趣爱好固然重要，但学习与兴趣爱好之间的关系需要权衡。

学习和爱好孰轻孰重，可能不同的家长观点不一。案例中，妈妈想让豪豪把时间都放在学习上，这和大多数家长的想法是一致的。对于豪豪来说，画画是他唯一的兴趣，也是他学习之余放松的一种方式。妈妈担心孩子如果花时间去发展兴趣爱好，用在学习上的时间就会减少。其实，从脑科学的角度来说，爱好和学习是相互促进的关系。人的左脑主要负责逻辑理解、记忆等抽象思维，右脑主要负责美术、音乐等形象思维。孩子在学习的时候，运用的基本是左脑，而运动、美术等兴趣有助于开发右脑，并缓解左脑的疲劳。因此，家长也要适当地让孩子发展兴趣爱好。

家教指导

在中学阶段，学习当然是非常重要的，但培养和发展兴趣爱好对孩子也有一定的好处，因此，家长不能一味地要求孩子学习而剥夺孩子的爱好，而是要努力帮助孩子平衡学习和兴趣爱好之间的矛盾。

1. 家长要多关注兴趣爱好给孩子带来的"隐性价值"

家长在看待孩子的兴趣时，不要认为兴趣不能为孩子的考试加分，对孩子的学习也没有直接帮助，反而是在浪费孩子的学习时间等，要多关注兴趣爱好给孩子带来的"隐性价值"。例如，孩子对自己感兴趣的事情，会全身心投入，也愿意努力克服困难；做自己喜欢的事情有助于缓解学习压力；孩子在感兴趣的方面表现优秀，有助于获得成就感，增强自信心；发展兴趣的过程中有更多机会接触同龄人，建立友谊，发展良好的人际关系等。此外，孩子可能在发展兴趣的过程中，提升了某方面能力，开阔了眼界，丰富了知识，找到了生活中的乐趣等。

2. 对"看似无用"的兴趣，允许孩子有节制地继续追求

发展一些"看似无用"的兴趣并不是浪费孩子宝贵的学习时间，而是对孩子有很多益处。因此，在紧张的学习之余，建议家长不要剥夺孩子的兴趣，可以允许孩子有节制地继续追求。

第一步，家长要向孩子表明态度：支持孩子发展兴趣爱好。例如，家长可以跟孩子说："很高兴你有自己的兴趣，我们也希望你能够一直保持下去，这样你以后会因为拥有了自己的兴趣而感到非常幸福。"这样可以充分表达家长对孩子兴趣的肯定态度。

第二步，要对孩子提出希望：兴趣要有节制。例如，跟孩子说："人生在每个阶段都有每个阶段的任务和责任，现在这个阶段，你有一个重要的任务就是中考，爸爸妈妈希望你先把眼前这个任务完成好。"这样有助于孩子把握现阶段最重要的任务。

第三步，与孩子商量签订"协议"：充分考虑孩子对兴趣爱好的时间要求，跟孩子一起协商，达成约定。例如，对孩子说："爸爸妈妈尊重你的兴趣，但你也要知道现阶段学习和备战中考是最重要的事情，我们现在可不可以约定一个时间，每周的这个时间里你可以去做你感兴趣的事情，但是其他时间就要合理规划，专心学习。"通过协议让孩子有节制地发展兴趣爱好。

3. 鼓励孩子培养稳定的兴趣，避免"三分钟热度"

孩子发展兴趣爱好的过程，是他们探索自我、发展自我的一种途径。家长既要允许孩子广泛发展各种兴趣爱好，也要引导孩子学会坚持自己的兴趣爱好，避免"三分钟热度"。例如，家长可以和孩子约法三章，如果孩子对兴趣能够坚持下去，那么即使占用一些学习时间，但只要不会影响学习成绩，家长也应给予支持。

六、缓解中考焦虑

案　例

马上就要中考了,欢欢很担心,觉得好多知识都没有复习好。还有不到一周的时间了,欢欢很想抓紧最后的时间把学过的内容好好复习一遍,但是又感觉自己进入了一个怪圈:越想好好复习,就越不能进入状态;一遇到不会的题目就很焦虑,做题的时候总犯一些低级错误。欢欢有时候晚上还会失眠,脑子里老想着"万一考砸了怎么办?上不了重点高中怎么办?第一次模拟考试的时候就没有考好,如果中考还考不好,爸爸妈妈会不会很失望?同学们会不会笑话我?"等问题。

解　析

考试焦虑是一种在考试情境的激发下,以担忧为基本特征的心理状态。在中考前,有的孩子头晕目眩、心跳加快、没有食欲,有的孩子会出现失眠、注意力不集中、记忆力衰退等现象。其实,在临考前出现一定程度的紧张或焦虑是一种正常现象,并且适度的焦虑可以增强学生学习的积极性和自觉性。但是,过度的考试焦虑会降低孩子的考前学习效率，尤其对于中考这种难度比较大、要求比较高的考试，保持适度的焦虑有助于取得好成绩。案例中的欢欢平时学习不错，但临近中考就很紧张，其实这就是中考焦虑。

导致孩子产生中考焦虑的原因有很多，可以分为外部因素和内部因素。外部因素主要包括父母的期望和父母对待孩子考试后的态度。如果家长对孩子寄予过高的期望，这种高期望会使孩子的心理压力过重，导致孩子担心考砸了无法向父母交代，加剧考试焦虑。另外，父母如果采取过分干涉、过度保护、惩罚严厉的教养方式，孩子也容易产生考试焦虑。例如，如果孩子中考前的模拟考试没有取得理想的成绩，父母因此批评责骂孩子，可能会使孩子更加焦虑。相反，如果父母能够接纳孩子，鼓励、支持他们并一起分析失误的原因，则有助于缓解孩子的考试焦虑。

内部因素主要包括孩子对中考的认识以及以往的考试经历。如果孩子把考试当作一件对自己有负面影响的事情，例如，觉得如果自己考不好，父母就会失望、同学也会嘲笑自己，那么就会引起焦虑。如果孩子能把考试当作一次证明自己能力的好机会，就会积极应对考试。另外，以往的考试经历和体验左右着孩子对自己应对考试能力的评价,例如,欢欢在模拟考试中没有取得理想成绩,积淀了她对失败的恐惧和对考试的消极态度,对自己不自信,考试焦虑就会更严重。

家教指导

即将中考的孩子在紧张的复习和备考过程中,会不同程度地感到学习压力,产生考试焦虑,这就需要父母来帮助孩子应对中考焦虑。

1. 和孩子一起制订恰当的目标

有的父母对孩子要求过高、过严,希望可以培养出来一个"完美的小孩",因此孩子也会要求自己"事事必须做到最好",进而产生很大的心理压力。比如一次考试没有考好,孩子会感到失落,无法面对自己的成绩;如果某次考试距离目标差距较大的话,孩子更会感到灰心,同时为下一次考试感到焦虑,影响下一次的考试发挥。因此,父母应和孩子商量,根据孩子的实际水平,和孩子一起设定一个恰当的中考目标。

2. 帮助孩子积极地认识考试

以上述案例为例,父母可以在中考前这样开导孩子:模拟考试的成绩不理想,说明你在某个或某类知识的掌握上还存在漏洞。如果你能够好好地利用考前这段时间弥补和提升自己，中考的时候遇到类似的问题就不会再出错，就可以考出好的成绩。而且，模拟考试没有考好并不能代表中考一定考不好，模拟考试的题目往往比中考难度大，所以你不要受之前考试的影响，认真准备，中考的成绩一定会有进步的。另外，家长也可以和孩子一起分析模拟考试失误的原因，避免下次考试犯同样的错误。

3. 通过运动等转移注意力的方法缓解考试焦虑

心理学研究表明，运动是降低儿童青少年抑郁水平、提升愉悦度的有效方式。家长可以根据孩子的实际情况，每天或每周固定一个时间段，一起散步、打球或进行其他体育项目，因为运动可以消除人体内一些紧张的化学物质，放松神经。另外，家长也可以建议孩子在紧张的学习之余，做一些自己感兴趣的事情，例如唱歌、看报、下棋等，都可以消除疲劳、化解烦恼，帮助孩子远离考试焦虑情绪。

4. 中考备考期间让孩子科学作息，健康饮食

有的孩子为了备战考试，复习期间常常晚睡早起，生物钟紊乱。但是，睡眠不足也同样会引发焦虑，还会影响孩子白天的学习效率。因此，在备考期间，一定要注意科

学作息，劳逸结合。家长最好跟孩子一起制订一份科学的作息表，合理安排学习和休息的时间，保障充足的睡眠和休息时间，提高学习效率。

另外，复习期间的饮食也相当重要，家长可以多给孩子补充一些蛋白质和维生素，多吃一些蛋类、豆类、鱼类食品，以及苹果、香蕉、葡萄、芹菜、菠菜、萝卜等水果和蔬菜，保证充足、均衡的营养摄入。

5. 考前教给孩子一些心理调适方法来应对考试焦虑

考试之前，家长可以教给孩子一些心理调适的方法，如果在考试过程中，孩子因为考试焦虑出现怯场反应，就可以使用这些方法来缓解考场焦虑。例如，按压太阳穴闭目养神，深呼吸，做手指操等。

七、合理减负增效

案 例

小天是一名初中生，最近他因为上补习班的事情和妈妈起了很大的争执，因为小天的妈妈给小天报了作文、数学、英语、口才、脑力开发5个补习班，但事先都没有和小天商量。现在小天除了每天要完成校内的作业外，还要完成妈妈布置的家庭作业，剩下的时间就被各种补习班"瓜分"了，既不能读自己喜欢的小说，又没有时间踢足球，更没有时间和同学说说话，整天疲惫不堪。小天不理解妈妈为什么要在课外时间给自己报那么多补习班，而且现在学校里都在强调给学生减负，让孩子有更多的机会去全面发展。但小天的妈妈认为自己做的一切都是为了让小天能够取得好成绩，担心学校减负会导致孩子学习懈怠，影响学习成绩。小天的妈妈感到不理解，自己每天这样神经紧绷都是为了孩子，孩子却不能理解自己。

解 析

国家提倡减负的出发点是为了学生更好的发展。所谓减负，其实是指要减轻学生过重的课业负担以及不合理的心理负担，目的是提高学习效率，提高学习质量，注重能力培养。学生的学习时间越长，并不代表学习效果一定就越好。适度的学习时间有助于提高学习效率，提升学业成绩，但是如果一味地增加学习时间，不仅孩子的学习效率和学习成绩会下降，还会产生一系列负面后果，比如孩子会产生心理上的无助、焦虑，影响到日常的生活。让孩子在学业上投入一定的时间和承受适当的压力是十分必要的，但超过限度的话，往往会适得其反。案例中的小天觉得自己的生活被妈妈安排得满满当当，除了写作业就是上补习班，自己已经超负荷了。这种情况往往会给孩子的身心带来巨大的压力，不利于孩子学习成绩的提高。在这个时候，妈妈应该注意给孩子适当减负，将精力放在提升学习效率上，而不是一味地让孩子增加学习时间。

家教指导

要想真正做到给孩子减负，家长必须先调整自己的心态，减轻育儿焦虑，再帮助孩子合理规划学习任务和学习时间，具体有以下做法。

1. 减轻自己过重的育儿焦虑

很多父母之所以有严重的焦虑心理，是因为觉得孩子就是自己的面子，是自己的成绩单。孩子如果成绩不好，考不上名校，就感觉自己很没有面子。其实，孩子是一个独立的个体，父母应该尊重孩子的特点，给予他们更多自由的发展空间。

另外，父母要将对孩子的关注适当转移到关注和提升自身上，自然就会减少对孩子的过度担忧和过早的焦虑，也会给孩子带来更积极的影响。比如，当父母为孩子的成绩不佳、厌学等问题焦虑不已，不断地给孩子报各种补习班时，可以转换关注对象，从要求孩子转变成要求自己每天准时上班，积极工作，让自己也不断地学习和提升。这样回头一看，父母会惊喜地发现，孩子也正在努力向着更好的自己靠近。

2. 给孩子的学习任务要适合孩子的情况

家长要正确认识孩子的成长规律，根据孩子自身的特点，尊重孩子的个体差异，合理设置学习任务。以报奥数班为例，可能有些家长认为报奥数班可以提升孩子的思维能力，但也有些家长认为学习奥数除了增加孩子负担外毫无用处。事实上，对于爱好数学、学有余力的孩子来说，学习奥数的确有助于其数学意识、思维和能力的发展；但对于数学水平一般的孩子而言，强迫其去上奥数班，只会打击孩子学习数学的积极性和信心。因此，在为孩子设置学习任务时，家长一定要尊重孩子的个体差异，不要盲目跟风给孩子布置学习任务或报补习班。家长可以事先和学校相关老师进行交流，结合老师的专业意见和孩子的学习状况做出决定。

3. 减少孩子过度的不必要的作业

作业并不是越多越好，家长不能一味地求多。在家指导孩子学业的时候，首先应该关注孩子当下的学习内容，如果孩子在某些部分完成得不好，不用急着采用"题海战术"，而是应该先把题和对应的知识点弄懂，再给孩子布置任务，要求孩子及时找任课老师请教，学会解题思路，回家后家长可以针对性地测试孩子是否已经掌握。这样就可以避免机械、重复的练习。在基本掌握了当下学习内容后，家长就不要再布置家庭作业，也不必超前学习，留出的时间就让孩子自主学习。

4. 设置合理的期望目标

很多家长在孩子小时候就常把"考上清华北大、读硕士博士"挂在嘴边，认为给孩子树立远大的目标是培养孩子成才的第一步。诚然，一定的压力可以转换成动力，但如果一味地提出过高的目标，不仅导致孩子产生学习焦虑，还可能使孩子由于达不到大人的要求而产生挫败感，逐渐对学习失去信心和兴趣。因此，家长需要根据孩子当前的发展水平设置合理的目标，使孩子通过努力就可以实现。

5. 指导孩子处理好"学"和"玩"的关系

减负为孩子带来的应该是更广阔多元的发展空间，而绝不是随心所欲的放纵，家长要引导孩子在学和玩中找到平衡点。平日里可以和孩子事先约定，只要认真完成了校内作业，就允许孩子玩一会儿游戏、看一会儿课外书，或者做自己感兴趣的活动。这样就使孩子在紧张的学习之余能够放松大脑，保持张弛有度的生活节奏，更有利于平时的学习。

八、加强劳动教育

案 例

紧张忙碌的期末考试结束，佳佳迎来了升入初中后的第一个暑假。这个假期，爸爸建议佳佳制订一个计划，并强调计划中要包含一些锻炼生活自理能力或做家务的内容。根据暑期计划，佳佳做了"准备早饭、洗碗、购物、打扫卫生"等家务活动。通过做家务，她在不熟练的动作中体验到了"自己动手，丰衣足食"的辛苦与快乐；在超市，她从家长的角度，体会到了选择、比较和全面考虑的意义，感触良多，收获颇丰。

解 析

目前我国一些独生子女的父母，往往容易陷入以爱的名义"给得太多，做得太多，管得太多"的误区。父母往往为了让孩子专心学习，包揽了一切家务劳动。把广大中小学生培养成德智体美劳全面发展的社会主义事业建设者和接班人,是我国长期坚持的教育方针。习近平总书记说:"生活靠劳动创造,人生也靠劳动创造。"劳动教育是提高中小学生综合素质、成就幸福圆满人生的有效途径。

中国有句古话说"父母之爱子,必为之计深远"。在这个案例中,佳佳的爸爸在暑假期间锻炼孩子做家务,佳佳从家务劳动中体验到了"自己动手,丰衣足食"的辛苦与快乐。从佳佳的成长中可以看到,家务劳动不仅能够让孩子感受到劳动的快乐,锻炼孩子的技能,还能提高孩子的责任意识。

家教指导

加强劳动教育,特别需要强调劳动的育人功能,而不仅仅将其看作一种付出汗水的工作。这意味着学校需要将劳动看作育人的载体,而不仅仅是一种体力活动。对劳动的育人功能的定位,赋予劳动以育人的价值并发挥其不可取代的功能,由此凸显实施劳动教育的价值和意义。劳动教育可以在家庭、学校、社区、农场、工厂等地方进行,具体的内容和形式也各不相同。

进行劳动教育,除了学校有组织地开展一些活动外,家长也需要鼓励孩子在家承担一些家务活动,比如让孩子收拾自己的碗筷、整理自己的房间、周末给父母帮厨等，锻炼孩子的劳动能力。

1. 明确孩子的劳动认知

家长要引导孩子了解常见的职业角色和价值，懂得"一分耕耘一分收获"的道理。让孩子掌握日常生活中的基本劳动知识，形成初步的职业意识，理解劳动创造生活、劳动创造人生。

2. 提升孩子的劳动能力

家长要引导孩子掌握家政、烹饪、手工、园艺等日常生活中的一些基本劳动技能；参与适当的生产劳动，承担校园和社区的部分劳动任务；熟练并安全地使用劳动工具，解决生活中的一些问题。

3. 强化孩子的劳动情感

家长要教育孩子尊重劳动者、尊重劳动成果，感知劳动平等；团结奉献、体会劳动艰辛，分享劳动喜悦；拥有持之以恒、务实创新的劳动意识。

4. 帮助孩子养成劳动习惯

家长要帮助孩子养成认真负责、诚实劳动的习惯；养成自觉承担家务劳动的习惯；懂得劳动服务家庭、服务集体、服务社区的意义。

专题三
身心健康

升入初中的孩子在迈入新学校的同时也迈入了生命中另一个重要的阶段——青春期。青春期是身体快速发展的时期，青春期的孩子身高快速增加，男孩子变得健壮、女孩子变得柔美。在这一阶段，第二性征出现，性生理逐渐成熟。

在身体变化的同时，孩子的心理也发生着变化。由于外形上已接近成年人，孩子更加追求独立，希望可以自己做主。当父母的意见与自己不同时，便会产生强烈的叛逆心理。同时，由于激素水平的变化，孩子也开始变得情绪激动，容易冲动。

初中阶段的孩子非常在意同伴关系。他们会主动模仿同伴的行为，不论这些行为是好还是坏，因此容易受到不良行为的影响。初中生也特别在意别人对自己的看法，特别是同伴对自己的看法。有的孩子因为长青春痘而困扰，有的孩子因为不能融入同伴而苦恼……

对于初中生所面临的困扰，一味地说教和控制不能达到理想的效果。家长必须在尊重孩子独立性的基础上，引导孩子形成正确的认识，与孩子平等交流，成为孩子的朋友，帮助孩子顺利度过初中阶段。

本专题围绕身心健康展开，选择关注饮食健康、应对"美丽痘痘"、拒绝吸烟饮酒、适应身心变化、促进自我认同、察觉情绪障碍、疫情期间的居家生活等主题进行分析。同时，引导家长培养孩子正确的消费观；态度明确，要求孩子坚决拒绝烟酒；帮助孩子适应身体的变化；鼓励孩子独立自主等。

一、关注饮食健康

案 例

初中毕业的团子原本是个圆润可爱的小男孩，160厘米的身高，65公斤的体重，让他看起来有点"肉肉"的。中考结束之后，团子的幸福时光就到来了。原本就喜欢打网游、吃零食的他变本加厉起来。每天早晨呼呼大睡，午饭时间才慢悠悠地醒来。起床后，在电脑桌前玩游戏玩到凌晨，饿了就大吃一顿，太晚了就点外卖。此外，团子还和同学隔三岔五地聚会，每次都胡吃海塞，无所顾忌。

幸福地过了一段时间之后，妈妈发现，原本神采奕奕的团子开始变得无精打采，面色蜡黄，体重也像吹了气的皮球一样迅速胖到80公斤。妈妈很担心，带团子到医院检查。检查报告显示，团子患了重度脂肪肝。

解 析

毋庸置疑，过量食用高糖、高盐、高脂肪的食品必然会对健康造成严重的损害。对于青少年而言，他们正处于身体发育的重要阶段，需要补充大量营养，但孩子的肠胃功能尚未发育成熟，不宜吃刺激性过强的食物。很多孩子喜欢吃油炸和腌制食品或冰激凌之类的生冷食品，它们不仅没有什么营养，还会刺激肠胃。

目前，很多家长都比较关注孩子的饮食问题，尤其是在备考阶段，家长会费尽心思为孩子做好后勤工作。然而，一旦考试结束，家长和孩子就会放松警惕，任由孩子为所欲为。上述案例就是这种情况。

孩子之所以喜欢吃这些高糖、高盐、高脂肪的食品，一是因为它们的味道好，容易带来愉悦感，甚至还有减轻压力的功效；二是因为它们容易获取，在学校的小超市、学校门口的小摊铺很容易买到；三是因为它们价格较低，孩子能买得起。因此，在没有家长监管的情况下，孩子很容易喜欢上垃圾食品。

有的家长由于工作原因，没有时间和精力为孩子提供营养健康的食物；有的家长一味地迎合孩子的口味，无论是否营养健康，都无条件地满足孩子；有的家长尽管能为孩子提供营养健康的食物，却很难再像孩子小时候那样掌控他吃的每一样东西。因此，家长教会孩子如何独立选择食物是非常有必要的。

家教指导

高糖、高盐、高脂肪的食品易获取且美味，孩子往往很难抵御住诱惑。家长在控制孩子食用不健康食品的同时，切记一定不要将孩子推到家长的对立面，而是尽力与孩子建立同盟，共同养成健康的饮食习惯。

1. 注意饮食营养搭配

青春期的孩子正在长身体，蛋白质、维生素A和维生素C的消耗会增加，家长要注意及时给孩子补充这些营养物质。平时做菜的时候可以多做些鱼和瘦肉，让孩子喝牛奶、豆浆，多吃新鲜的蔬菜和水果，因为这些食物中都含有丰富的蛋白质、维生素和矿物质等。

按照营养学家的建议，早餐提供的能量应占全天能量的25%—30%。一顿营养充足的早餐至少应包括谷类、禽畜肉类、蛋类、奶类或豆类及其制品和新鲜蔬菜水果中的三类。午餐占全天总能量的30%—40%、晚餐占30%—35%。午、晚餐可将餐盘分为6份，其中谷薯类占3份，蔬菜及菌藻类占2份，大豆制品、鱼、禽、蛋和瘦肉占1份。

2. 熟悉营养成分表

初中生一般有一定程度的"购物"自由，家长要教会孩子在购买食品前查看食品的营养表。我国食品标签强制标示4种核心营养成分（蛋白质、脂肪、碳水化合物、钠）以及能量，简称"4+1"。蛋白质、脂肪和碳水化合物是三大产能物质，我们摄取的能量基本上都是由这三者提供的，钠主要是来自氯化钠，也就是食盐。标签上还展示了营养素参考值（NRV），就是各项营养素占我们每日所需的比例，一旦这一天摄入的食物NRV超过了100，则表明你的热量摄入超出了每日的热量需求。

有些食物具有欺骗性,含有许多我们"尝不出来"的东西。例如,每100克的话梅中含有2000毫克钠,钠的NRV%高达126%,是绝对的高盐食物。

有些营养表也具有欺骗性。很多高热量零食,比如薯片、饼干等,为了让热量和脂肪量看上去更低,并不是以每100克为单位,而是以每50克或者25克为单位的。所以虽然标明的热量变低了,但只要稍微换算一下,就会发现热量、脂肪含量远远超标。

因此,家长一定要帮孩子养成看营养成分表的习惯,熟悉各种食品中的营养成分。有些乳制品看起来是牛奶,但蛋白质的含量却远远不足。根据国家标准规定:全脂或低脂牛奶,蛋白质不应低于2.9%。

3. 在家自制零食

在外购买食品的时候,我们往往看不到食品的制作流程,不知道里面到底放了多少糖、多少油、多少盐。孩子爱喝的奶茶就是如此。小小的一杯奶茶,里面就含有将近50克糖,而蛋白质的含量却远远不达标。而在家中自制的冷泡茶,即使不放糖也很好喝。在家中制作零食,既可以满足孩子对口感的追求,也更加健康。

二、应对"美丽痘痘"

案 例

墨墨小时候是个可爱的小姑娘,总是被人夸赞漂亮。然而,从初二开始,墨墨的脸上开始出现了成片的痘痘。爸爸妈妈带墨墨看了很多医生,也试过很多方法,但是都没有得到彻底解决。这让爱美的墨墨十分焦急。渐渐地,曾经漂亮的小姑娘开始害怕被人嫌弃。她也开始嫌弃自己,不愿意再照镜子。另外,墨墨开始变得孤僻,拒绝跟同学一起出去玩,也没有什么要好的朋友。爸爸也经常指责墨墨不够开朗,不合群。爸爸为墨墨的变化感到痛心,他无法理解墨墨怎么就变得如此被动、不合群,不知如何是好。

解 析

青春痘,又称"痤疮",是一种毛囊皮脂腺的慢性炎症性皮肤病。青春痘起于青少年时期,甚至能伴随人到中年,微博上的一项调查显示,超过六成的大学生受到过青春痘的困扰。

在青春期,由于激素水平的变化,孩子开始受到青春痘的"眷顾"。化妆品、药物、不良的饮食习惯、不良的生活习惯都可能会诱发青春痘。长期"抗痘"失败，不仅影响孩子的外貌，也影响孩子的自信心。受到痘痘的困扰，孩子认为自己不好看，不愿见人，还会产生无助感，觉得无论自己如何努力都摆脱不了痘痘的困扰，这会进一步影响孩子的人际交往和性格发展。

当今，家长普遍关注孩子的学业成绩、人际交往能力等方面，认为只要孩子的成绩好、人际关系好就没有问题，脸上有几个痘痘也不是什么大事，长大之后自然就好了。但他们却没有想到，脸上的痘痘已经悄无声息地改变了孩子的性格，不知不觉地影响了孩子的未来。因此，痘痘虽小，对孩子的影响却可能很大，尤其是对于那些十分顽固的青春痘，家长一定要重视起来。

家教指导

青春痘的出现是孩子成长过程中正常的现象。我们不必谈"痘"色变，要积极应对，同时也不可轻视痘痘对孩子心理的影响，毕竟在爱美的年纪，脸上长痘痘，对孩子的困扰还是很大的。

1. 以平常心看待"顽固分子"

当痘痘久治不愈的时候，父母要关注孩子对痘痘的看法。青春期的孩子往往会过分放大痘痘对自己的负面影响。父母可以坦然地与孩子讨论痘痘带来的影响，帮助孩子理性地看待痘痘问题，让孩子明白长青春痘只是成长过程中的一个阶段，不能以偏概全地否定自己，而是要积极应对它、战胜它。父母在与孩子共同"抗痘"的过程中，还应及时发现和肯定孩子身上的优点，让孩子树立自信心。

2. 形成良好的生活习惯

不良的饮食和作息习惯、日晒等都可能导致青春痘的出现。因此，要想不受痘痘的折磨，首先就得保持良好的生活习惯。青春期的孩子由于学业压力较大，经常会熬夜，晚睡早起，如果再不注意饮食，很容易给青春痘提供可乘之机。父母可以帮助孩子认识到健康的生活习惯对抗痘的重要性，并与孩子共同养成良好的生活习惯，不让痘痘"乘虚而入"。

3. 保持良好的心情

孩子在精神紧张的时候，激素分泌会发生变化，给痘痘以可乘之机。父母要保持对孩子情绪状态的敏感性，引导孩子正确应对和处理不良情绪，减少痘痘出现的机会。在痘痘出现之后，引导孩子不要过分烦忧，并带着孩子积极进行治疗。

三、拒绝吸烟饮酒

案 例

小一是一名农村留守儿童,他12岁的时候母亲去逝,父亲为了养家常年在外奔波,很少能够照顾到他。现在上初一的他跟爷爷奶奶共同生活,爷爷奶奶十分宠爱孙子,只要小一喜欢的,都会尽力满足,生怕孩子因丧母受到什么委屈。

可是,最近小一发现自己越来越无心学习了,课堂上总是昏昏欲睡,心不在焉,课下也没有同学可以一起交流,十分无聊。因此小一感到十分孤单,对生活也没有希望。渐渐地,他开始与一位家庭背景相似的同学在课间悄悄到学校厕所吸烟,只有在吸烟的时候他才会暂时摆脱那种挣脱不掉的孤独感。

有一天,小一的父亲偶然发现孩子吸烟,对此十分担心,也十分懊恼自己没有给孩子足够的关爱,可是小一的父亲却不知道该怎么与孩子进行沟通。

解 析

在当前的中国,烟民仍旧是一个庞大的群体。烟文化、酒文化更是社交中重要的一部分，吸烟、饮酒仿佛已经成了男性魅力的体现。如果孩子成长在烟酒包围的环境中，尤其是父母有吸烟、饮酒习惯的家庭中，孩子就很有可能模仿父母，尝试吸烟、饮酒，试图成为像父母那样"成熟""有魅力"的人。

还有一些长辈在逢年过节的时候逗弄孩子，引诱他们尝试饮酒。然而，家长这种对吸烟、饮酒抱着无所谓，甚至鼓励性的态度，很可能给孩子造成吸烟、饮酒是被允许的印象，而忽视了吸烟、饮酒对身体的危害，增加了孩子吸烟、饮酒行为的可能性。

其实，除了父母的示范作用和对烟酒的含糊态度，同伴影响也是孩子吸烟、饮酒的重要影响因素。对于初中生而言，同伴关系在孩子生命中发挥着越来越重要的作用。如果孩子身边的朋友吸烟、饮酒，那么孩子为了取得同伴的认同很可能也效仿。通常是几个孩子凑在一起，大家一边聊天，一边吸烟、饮酒。有时候，吸烟、喝酒的孩子还会向自己的朋友提供烟酒，如果孩子不知道如何拒绝，就会走上共同吸烟、喝酒的道路。

家教指导

拒绝吸烟和饮酒，是中学生最基本的行为规范，家长要有明确的立场和态度，守护孩子的健康。

1. 表明态度，拒绝烟酒

在烟酒文化盛行的中国，父母给孩子普及烟酒危害性的知识是十分必要的。青春期的孩子开始探索世界，迫切想让自己看起来更成熟，吸烟饮酒仿佛是变得更加成熟的一个捷径。因此，父母需要明确地跟孩子讨论吸烟、饮酒的危害性，不允许孩子吸烟、饮酒。

青春期的孩子会渐渐地结交一些朋友，同伴就成为他们生活的重要组成部分之一。有时候，孩子为了维系友谊甚至会做出一些自己不情愿的事情。在这一阶段，父母要教会孩子对同伴的不正当要求说"不"。在拒绝的时候，态度坚决、给出明确的理由等技巧可以有效地降低对友谊的损害。

2. 探讨原因，解决根源问题

对于已经有吸烟、饮酒行为的孩子，父母需要及时地了解孩子做出这种行为的原因，发现孩子在吸烟、饮酒背后的需求，并与孩子共同寻找满足需求的替代方法。如果孩子学会了吸烟，家长应该查明孩子学会吸烟的原因，是跟着同学学会的，还是模仿家里长辈抽烟；是因为觉得抽烟是成熟的表现，还是觉得抽烟能够缓解自己的压力。只

专题三 身心健康

有找出真正的原因,才能从源头上更好地解决问题。家长可以这样和孩子沟通:"抽烟就是成熟的表现吗?抽烟会让你的肺一点点变黑、牙一点点变黄,这种损害健康的行为是不成熟的行为!如果你的朋友因为你不抽烟而不尊重你,那说明他们不是你的真朋友。真正的朋友怎么会希望对方的健康受到损害呢?"

3. 学会说不,不被同伴"绑架"

父母在鼓励孩子与同伴多接触的同时,也要帮助孩子客观看待同伴身上的优缺点。父母要让孩子意识到,顺从并不能获得友谊,维系友谊的方式有很多种,与朋友发展共同的爱好、为朋友提供帮助等都有益于维系友谊。

四、适应身心变化

案 例

炎炎曾经是一个十分听话的男孩子。可是从初二开始,炎炎就变得不那么听话了。冬天很冷的时候,他经常穿一件衬衫就出门了,不到最冷的时候连毛衣都不穿。炎炎的妈妈担心儿子生病,总是提醒他要添衣服,可是炎炎说同学们都这样穿,一点都不冷。妈妈再多说几句,炎炎就会发脾气,躲进房间里或者匆匆出门。炎炎的妈妈十分担心孩子的健康,也不知道为什么曾经乖巧的孩子变得这么不听话,同时她也感到很委屈,自己明明是为孩子着想,孩子怎么能这样对待自己呢?炎炎的妈妈很苦恼,不知道该如何与炎炎相处。

解 析

初中阶段的孩子身体新陈代谢加快,体质增强,抗寒能力也比较强,男孩子甚至会比较怕热。这时孩子渐渐有了照顾自己的能力,不再像小时候那样,总是依赖父母的照顾。因此只要孩子不感觉冷,不影响身体健康,家长就没有必要一味地要求孩子添加衣服。当然,需要注意的是,青春期的孩子开始注重自己的外貌,有的甚至为了追求美丽不惜牺牲健康。父母要让孩子明白,追求美丽并没有错,但是不能以健康为代价去追求美丽。

父母习惯在衣食住行方面对年幼的孩子进行无微不至的照顾。然而到了青春期,孩子有了一定的自主性,在生活和学习方面,尤其是吃穿方面,有了自己的喜好和判断,喜欢自己做主。如果此时家长还是在各个方面都十分强硬地控制孩子,孩子容易变得没有主见,自主性难以得到发展。为了追求独立，孩子可能反抗父母，父母管教越严格，孩子反抗得越厉害，甚至无论家长说的是否正确，孩子都会直接反抗。

有的父母尝试主动放权给孩子，给予孩子自由空间。然而，孩子依旧会做出出格的事情。这个阶段的孩子虽然需要一定的独立性，但是也需要父母的关心、指导和支持。一味地放手可能使孩子认为父母不再关心自己，遇事时会感到无助，可能做出一些出格的事情，以此来吸引父母的注意力，验证父母是否依然爱自己。

家教指导

青春期是孩子身心发展变化的重要时期，孩子经历了身体和心理上的巨大变化，进入新的生命阶段。因此，家庭也要配合孩子的脚步进行调整。父母要意识到，自己的孩子已经是个大孩子了，不能固守原有的教养方式，需要适应孩子的变化，对孩子适当放权。

1. 帮助孩子适应身体的变化

孩子进入初中，身体快速成长，可能出现生长痛、活动时易受伤、第二性征发展等一系列的变化。父母需要与孩子一起了解身体的变化，避免因为身体变化造成孩子的恐慌。此外，父母还应该为孩子提供充足的营养，陪伴并督促孩子锻炼身体，为孩子发展打下坚实的基础。

2. 发展孩子的独立性

孩子从这一阶段开始需要有自己的独立空间，逐渐学会为自己做主。父母应该有意识地培养孩子的自我管理能力。放手让孩子自主安排自己的生活，与家长共同商议，并按照计划执行。这样做可以让孩子感到自己的生活是由自己做主的，自己是有能力管理好自己的生活的，从而提升自信心。父母也要鼓励孩子及时地反思总结，让孩子更多地了解自己的特点，更好地制订适合自己的目标和计划。

3. 放权而不放手

家长在鼓励孩子自我管理的同时也要做好辅助和监督工作。初中生的自控力有限，很多时候有很好的愿望，执行起来却难以坚持。因此，家长要关注到孩子计划的合理性以及执行情况。孩子在推进计划的过程中，还可能会遇到各种各样的困难，父母应该予以相应的引导和支持。

五、促进自我认同

案 例

珍珍是一名初二学生,最近迷上了穿奇装异服,还几次吵着要去学化妆。班主任说,珍珍上课的时候总是穿一些另类的衣服,有的时候还涂着口红来上学。珍珍的妈妈很生气,认为她这样很不符合学生的身份,她却振振有词地说妈妈思想落伍了,跟不上时代了。妈妈非常严厉地表明,无论如何都不让她穿那样的衣服,谁知却差点儿引发一场持久的"家庭大战"。面对女儿的变化,妈妈非常痛苦和无奈。后来,珍珍的妈妈发现不光珍珍穿奇装异服,珍珍的好多朋友也这样。

解 析

处在青春期的孩子们自我意识和好奇心逐渐增强,喜欢追求自己的个性,在很多方面表现得很另类,期望得到别人的关注。而穿着打扮是最容易被人看出来的,因此喜欢穿另类的衣服是多数孩子标榜自己特别,引人注目的一种手段。而且,青春期的孩子都喜欢追求时尚和潮流,如果自己周围的人都做某一件事情,那孩子很有可能也会跟着一起做，因为模仿是青少年寻找社会认同的一种方式。案例中的珍珍就是这样，她穿奇装异服既是为了让自己与众不同，也是为了得到朋友们的认可。

青春期孩子的这些叛逆举动，实际上是他们在自我认同的过程中，对"异己"的排斥，在彰显自己与众不同的过程中，慢慢确认自己。有些孩子加入不良团体，是因为他们在家中和父母缺乏交流，或者没有得到家长的认可，只能到小团伙里去寻找别人的认同，以证明自身的价值。这些孩子表面上是受了"坏"学生的影响，实际上往往是因为其内心没能找到自我的独特性，没有坚实的自我概念，从而用随波逐流来获得认同感。

家教指导

自我认同是青春期发展中的一大难题，如何帮助孩子顺利度过这个阶段也是家长的一大难题。这个阶段的孩子在迷茫之中摸爬滚打，有的时候还会做出许多叛逆的行为，父母既着急又心疼。家长可以从以下几个角度入手帮助孩子形成自我认同。

1. 引导孩子正确认识自我

孩子之所以会自我怀疑、自我认同度低，是因为他所有的努力都是为了去达成外界的标准。如果孩子认为穿奇装异服是与众不同的，那他就会选择用这种方式来吸引人们的注意力，如果孩子认为只有迎合家长才能向父母证明自己，那么他就会百般迎合家长的要求，失去自主性。

所以，家长要帮助孩子跳出他人的想法，让孩子接纳自己原本的样子。这是第一步，也是最重要的一步。家长可以引导孩子客观分析自己的优缺点，最好在纸上分条写。可能孩子写了一堆的缺点，但绞尽脑汁也想不到几个优点。这个时候家长可以这样告诉孩子："没关系，即使你有很多缺点，但把它们写下来之后，就说明你开始正视它们了，然后你要接受它们，接受拥有这些缺点的自己。"接受是改变的第一步，在每一条缺点的后面，可以写下对应的解决办法，告诉孩子，这是在进行自我改变。家长还可以让孩子记录下自己每一个小的进步，这种进步会让孩子逐渐产生自信，开始认同原本的自己，而不是他人评价中的自己。

2. 帮助孩子转换视角

每个孩子都希望自己是独特的，引人注目的，但采取的方式会千差万别，有些孩子会选择用奇装异服来凸显个性。家长需要协助孩子，教会孩子换位思考，比如询问他：上课的时候，其他同学都穿校服，整整齐齐的，只有一个同学穿奇装异服来上课,你觉得合适吗?你觉得班里的其他同学会怎么想?老师又会怎么想呢?其实孩子心里明白,穿奇装异服是一种不得体的行为,只是想要追求"美"和潮流的需求暂时占了上风。让孩子换位思考可以让他们正确认识到自己的装扮,懂得应该如何去看待自己的装扮,促使他们主动改变。

3. 叙事练习

初中的孩子开始思考这样一些问题:我是谁?我是一个什么样的人?我想成为一个什么样的人?但这些问题的答案往往是非常模糊的。家长可以引导孩子进行一些叙事练习。比如回答这样的一系列问题:想象一下,20年后你会过着什么样的生活?你的生活是循规蹈矩的,还是充满挑战的?你生活在什么样的地方?你从事什么工作?你结婚了吗?你有孩子吗?你有很多新认识的朋友,还是只和一个小圈子里的人一直保持着深厚的友谊……

在叙事练习中,孩子对于理想生活的想象越深入、越具体,越能帮他回答"我是谁?我是一个什么样的人?我想成为一个什么样的人?"等问题。这些问题的答案,也会让孩子逐渐明确自己的目标,并且重新选择现在的行为。

六、察觉情绪障碍

案 例

　　大山是个文静清秀的男生，升入初二，无论如何都不想上学了。大山的爸爸很着急，但他只有三板斧：讲道理、发脾气、抱怨指责。爸爸的道理讲得云山雾罩，大山不感兴趣。爸爸发脾气时，会摔打东西，有时还把斧头直接砸向家里的狗，大山很害怕，可是依然不愿去上学。爸爸抱怨自己有多苦多累，大山却无动于衷。妈妈比较温和，坚持送大山去学校，但一提到上学，大山就十分焦虑，怎么都不肯去。妈妈没有办法，只好辞了工作在家陪伴着大山。后来大山被查出患有轻度抑郁症。他跟别人说："学校里作业太多，我透不过气来。看着不如我的同学那么认真地学习，我就感到焦急，怕他们超过我，可是我又静不下来。我晚上睡不好，白天听课没精神，觉得上学没有意思，在家也没有意思。爸爸总是发火，摔东西。我知道他觉得我不上学，给他丢脸了，可我就是不想上学，一想到上学就浑身难受。"

解析

初中生情感细腻、敏感且易波动，当他们产生强烈情感的时候，很难控制自己的情绪，甚至很难用语言表达自己的情绪，就可能会与父母争执。家长看到孩子发脾气、不听话时，难免会怒火中烧，进而责骂孩子。然而，这样的争执对于了解孩子，解决问题毫无帮助。如果问题长期得不到解决，孩子就会拒绝与家长沟通，甚至出现拒绝上学、心理抑郁等情况。

有的孩子，尤其是女孩子，在初中阶段往往心思细腻、敏感，会因为别人的一句话、一个眼神就伤心不已，也特别在乎别人对自己的评价，进而出现敏感自卑的情况。而家长往往很难理解孩子的情绪波动，认为其全无必要，否定孩子的情绪。

在这个案例中，大山不上学的一个重要原因是他积压了太多的情绪没有合理释放，以至于不堪重负，最终选择了逃避。在大山的家中，父亲对孩子十分严厉，而母亲温柔体贴。当大山由于学业压力产生明显焦虑的时候，父亲只会通过高压手段要求孩子坚持上学，而母亲则只会默默地给予陪伴。父母二人都没有充分了解孩子不上学背后的焦虑和自责，没有注意到孩子情绪变化的原因。

专题三 身心健康

家教指导

青春期的孩子开始有自己的见解和思考，渐渐脱离父母的依赖和控制。由于孩子的大脑尚未发育完全，他们的情绪丰富而不稳定，有时候还会十分紧张，缺乏控制能力。尽管家长常常难以理解孩子的激烈反应，但是应该努力去理解、接纳孩子的情绪，有助于孩子减少负面情绪。

1. 控制自己的情绪

面对情绪波动的孩子，很多家长常常感到火冒三丈。情绪波动的孩子遇到火冒三丈的家长，"家庭大战"便一触即发。然而，亲子之争往往会破坏亲子关系，很难解决问题。因此，对于青春期的孩子，情绪波动是很正常的，父母不应指责孩子乱发脾气，而应帮助孩子正确处理情绪。

家长如果确实控制不住自己，与孩子发生了冲突，可以在消气之后跟孩子道歉、分享自己的心情，再试着与孩子沟通，询问孩子发生了什么，帮助孩子处理负面情绪。

2. 接纳孩子的情绪

青春期孩子的情绪反应与成人之间存在差异。父母往往会困惑，孩子为什么会产生这样的情绪，甚至否定孩子的情绪表现。然而，单纯的否定情绪只会让孩子把不良情绪隐藏起来，一直悄悄地带着这种不良情绪生活下去，甚至渐渐地难以感知到自己的情绪。因此，无论是积极的情绪还是消极的情绪，家长都应该正视这些情绪，让孩子知道有情绪波动是很正常的事情，然后再慢慢学会正确处理情绪。

3. 直面问题，调节负面情绪

在面对负面情绪时，父母有时会感到手足无措。情绪的出现一定有其原因，了解情绪背后的原因，对症下药，负面情绪就会逐渐消失。另外，在孩子情绪十分强烈、难以进行理性沟通的时候，父母可以先采用一些简单小技巧，处理孩子的负面情绪。父母可以引导孩子把自己的委屈说出来，甚至陪着孩子大哭一场都有助于情绪的处理。

七、疫情期间的居家生活

案 例

新型冠状病毒疫情肆虐，小余的学校也通知了各位同学延期返校。可是，小余在家里却怎么也不想学习。在学校的时候，小余学习效率尚可，但是在家，小余却变成了

"学习5分钟,玩耍2小时"。书本的吸引力根本比不上睡觉、吃零食和玩游戏,哪怕是发呆,都比学习有意思。

得知学校组织的线上课程就要开始了,小余的妈妈特意嘱咐小余要好好学习,小余也立下"雄心壮志",一定要好好学习。但让他没有想到的是,第一天上课,小余就"迟到"了。等到小余终于努力睁开眼睛的时候,第一节课已经过去了一半。小余就在床上上完了剩下的半节课。第一节课上完之后,小余趁着"课间"赶紧洗漱,然后一边吃早饭一边继续上课。下午的时候,小余一边上课一边犯困,等妈妈推门进屋的时候,小余已经趴在桌子上睡着了。几天之后,不仅妈妈为小余犯愁,小余自己也很焦虑。

解析

疫情当前,返校延期,家变成了"学校",书桌变成了"课桌",手机、电脑变成了"黑板",客厅变成了"操场",家长既要照顾孩子的饮食起居,还要督促孩子学习,有的家长还要远程办公……

在这样的情况下,家长忙成了一锅粥,孩子的学习效率也很低。小余并不是个例,许多学生都很难进入良好的学习状态,这其中的原因是多方面的。首先,学生在家中通常比较放松，家长可能也对孩子多了一些宽容，这可能会导致孩子的生活起居缺乏规律，在线上课程开始的时候会出现不适应的情况。其次，相比于学习，孩子在家中更容易受到电子产品或者其他娱乐产品的"诱惑"，就像小余一样，"学习5分钟，玩耍2小时"。最后，疫情可能会给孩子带来恐慌、焦虑等负面情绪，这些压力和负面情绪会消耗学生的精力，导致出现注意力不集中、记忆力下降、缺乏创造性等影响学习效率的问题。

家教指导

在特殊时期，家长和孩子都必须长时间待在家中，共处的时间变长了，需要一起在家中完成的任务也变多了。在这一特殊时期，家庭内部的秩序非常重要，家长要注意合理安排家庭活动，以保障家庭成员的身心健康。

1. 共同制订家庭作息时间表

疫情（或者其他重大自然、社会变故）是充满不确定性的，这可能导致家庭生活变得混乱，让原本就焦虑的我们变得更加焦虑。但越是特殊时期，家庭就越要保持一定的生活规律。家长可以和孩子共同商议、确定特殊时期的家庭作息时间表。时间表中应该包含以下内容：起床和睡眠时间、进餐时间、每个家庭成员各自的时间安排、家庭共同的时间安排。日程安排不能太过粗糙，例如"学习时间"，要细化为"在线学习"或者"数学习题"这样可以具体执行的任务。同时，每天的计划里要留出一定的"自由时间"，在特殊状况发生时可以做出调整。

2. "隔离"学习区

如果孩子难以将注意力集中在学习上，家长可以考虑将书桌布置为单独的学习区，和孩子约定：学习区只能用来学习，不能用来做其他的事情。在学习区目力所及的地方，最好不要放置用来娱乐的电子产品，否则即使孩子坐在学习区学习，心里却还惦记着不远处的那些娱乐电子产品，如手机、平板等。家长还可以帮助孩子为学习增强仪式感。比如在学习之前，用一个开始仪式能增加孩子对学习的投入，冥想呼吸法就是一种很好的方法。

3. 劳逸结合，丰富居家生活

特殊时期"宅"在家中，不能只注重学习，也应该安排锻炼、劳动、家庭娱乐等活动。孩子每天的锻炼时间应该保持在半个小时以上，内容可以是仰卧起坐、蹲起、俯卧撑等与体育测试相关的项目，也可以是瑜伽或者其他有益于身体健康的项目。同时，也应该安排孩子参加一定的家务劳动。初中生的自主能力进一步增强，家中要给孩子充分的动手机会，还可以通过比赛的形式和孩子"竞争"谁家务完成得更好。家长可以和孩子一起放松娱乐，如陪孩子一起下棋、看电影、做手工，以在特殊时期里放松心情，舒缓焦虑情绪。最后，居家的这段时间是难得的"假期"，可以趁这段时间增进家庭成员之间的感情。

专题四
安全教育

　　全国每年有上万名青少年因为安全事故而死亡。在危害初中生生命安全的事件中，交通事故、溺水、吸毒以及其他意外伤害是主要原因，必须引起家长们的高度重视。

　　孩子的安全是家长的重要责任，也是孩子人生中最重要的一堂课。家长必须重视对孩子的安全教育，未雨绸缪，防患于未然。确保孩子安全，需要家长完成四项任务：一是创设安全的家庭环境；二是对孩子进行安全教育，帮助他们树立安全意识；三是在生活中进行安全知识普及和自救自护训练；四是管理安全风险，开展家庭活动的安全监测及心理监测。

　　初中生的安全教育原则是"要保护，也要放手"。家长可以根据孩子的年龄，让孩子在安全范围内适度尝试危险，学会应对危险，从而培养安全意识和应对危险的能力。家长自己也需要学习安全知识，并在平时的生活中对孩子进行安全教育，引导孩子遵守规则，具备危险防范意识，从而远离危险。

本专题围绕安全教育展开，选择预防校园欺凌、重视交通安全、防范意外溺水、预防意外伤害、学会应对灾害、抵御毒品诱惑等主题进行分析。同时，引导家长要做到：教会孩子掌握基本的交通规则；提醒孩子外出游玩要选择正直可靠、遵纪守纪的同伴，注意人身财产安全；帮助孩子树立规则意识；教育孩子不要涉足青少年不宜的场所等。

一、预防校园欺凌

案 例

小黄是一所农村寄宿制学校的学生，父母在外地打工，平时与儿子很少联系。小学五年级时，同校的男生夏某和林某看不惯小黄，时常欺负他。小黄体格瘦小，被欺负时常常无力反抗,并且认为这件事很丢脸,也不敢告诉家长和老师,只好默默忍受。上了中学,这几名同学还是在一个班里。中考前的一个晚上,小黄独自在宿舍,突然被冲进来的夏某、林某和张某摔倒在地,并被踢了两三分钟。三人还威胁他不能告诉家长和老师,否则"下次打得更重"。小黄被打后眼角流血,全身疼痛。事后夏某、林某走了,张某看不下去,把小黄送到附近诊所开了一点药。小黄吃药后,连续两晚因疼痛睡不着觉。他不敢告诉老师和家长,直到他参加完语文中考后,因剧痛放弃了下午考试,才向家长道出自己多年来被同学欺凌的事实。随后,小黄被送往县医院,但因伤情严重,又转到省医院治疗。入院后,医生发现小黄脾脏出血严重,给他做了脾脏切除手术。事发后,学校报了警,公安部门介入调查,进行了伤情鉴定,并以此对夏某等三人定案。

解 析

校园欺凌事件频发已经成为一个无法忽视的社会问题,近年来校园欺凌呈现出参与人群低龄化、女生增多、留守儿童和流动儿童比例增大、暴力倾向严重、借助互联网炫耀等新特点。寄宿制学校也是校园欺凌的高发场所,初中生出现校园欺凌的比例也逐步升高,上述案例就是一起情节恶劣的校园欺凌事件，最后由司法机关进行处理。

  2017年11月，教育部等十一个部门印发了《加强中小学生欺凌综合治理方案》，其中明确界定了学生欺凌。中小学生欺凌是发生在校园内外、学生之间，一方单次或多次蓄意或恶意通过肢体、语言及网络等手段实施欺负、侮辱，造成另一方身体伤害、财产损失或精神损害等的事件。其主要表现形式包括语言攻击、强迫做事、肢体冲突、掠夺财物、当众羞辱、恐吓讽刺、群体排挤、网上欺凌。语言攻击指称呼受欺凌者侮辱性的绰号，发生矛盾时使用污言秽语诋毁谩骂，传播关于受欺凌者的谣言或闲话。强迫做事指要求对方为自己跑腿买东西、做卫生、写作业等。肢体冲突指对受欺凌者进行重复攻击，例如拳打脚踢、掌掴、拍打等，纠集同伙对被欺凌者使用器具群殴等。掠夺财物指抢夺物品等。当众羞辱指侮辱对方人格。恐吓讽刺指损坏受害者的个人财产或衣物，甚至要求对方当众脱掉衣服、鞠躬道歉、写保证书等，恐吓、强迫对方做不愿意做的事。群体排挤指孤立、排挤受害者。网上欺凌指在社交软件或网站论坛上发表具有人身攻击的言论或图片。

家教指导

  1. 家长在生活中要关心孩子，注意孩子是否有被欺

凌或有欺凌他人的征兆

家长可以观察孩子是否有以下被欺凌迹象：身上有瘀伤、割伤、擦伤等伤痕而又解释不清楚，遗失或毁坏物品，经常性身体不舒服或假装生病，改变饮食习惯，如突然不吃饭或暴饮暴食，失眠或频繁地做噩梦，学业成绩下降，不想去上学，选择不合理的较远的路线上学，甚至请求家长护送他们上学，突然失去朋友或不参加社交活动，离家出走、伤害自己或谈论自杀等问题。而欺凌他人者会与人发生争吵或打架，攻击性增强，不明原因出现额外的钱或新的物品，爱把自己的问题归咎于别人，好胜心强。发现异常迹象，家长要和孩子及老师及时沟通，了解情况。

对于寄宿学校的孩子，父母平时不能与孩子见面，周末一定要有固定的亲子交流时间，如果条件允许，可以定期打电话或保持其他方式联系，家长要了解孩子的近期生活及交友学习状况，了解孩子的情绪状态。学校如果有晚自习，要注意孩子的安全，做好相应安排。

2. 积极与学校进行沟通，寻求相关部门的帮助

2017年印发的《加强中小学生欺凌综合治理方案》明确了处置要求：学生欺凌事件的处置以学校为主。校园欺

凌不是家长可以独立解决的事情，需要学校和家庭的通力合作。如果你知道或怀疑自己的孩子被欺凌，要采取措施、寻求帮助。首先要及时与学校联系，请老师进行调查，一起协商处理办法。学校教职工、社区执法部门、社工组织、政府教育部门、精神卫生服务机构、团队组织或任何涉及青少年工作的人员，都可以提供帮助。

3. 要正确界定校园欺凌，适度处理

校园欺凌不仅包括身体和言语欺凌，也包括同学间的群体排挤和网络欺凌。群体排挤和网络欺凌更不容易被老师和家长发现，但会对孩子造成身心伤害。家长和学校面对校园欺凌要零容忍，并积极调查解决，以免事态恶化。

同时，家长也要避免把所有矛盾都定义为校园欺凌。初中生心智发展还不够成熟，同学间出现小冲突也很常见，不能只听自己孩子的一面之词，要与老师沟通，具体问题具体分析。校园欺凌是欺负弱小、故意的、反复发生或可能反复发生的、让当事人感到痛苦的行为。偶发的学生冲突不一定属于校园欺凌，要根据具体情况分析处理。

4. 保护各方孩子安全和心理健康，积极化解矛盾

事件发生后，欺凌涉及的每一方都会有心理波动和安全感缺失，此时家长要与老师配合做好孩子工作。首先，

被欺凌者家长要给予孩子温暖和支持,让孩子有家庭的安全感,然后积极采取措施、解决问题、化解矛盾。及时地开导和帮助孩子宣泄负面情绪,让孩子感到被理解、被接纳,帮助他们走出抑郁,重新建立对生活的信心,学会遇到校园欺凌如何的应对。

欺凌者家长除了让孩子认识错误、承担责任外,还要注意不应一味地指责,要帮助孩子分析自身原因,让他们学会调节自身情绪及科学地释放压力,避免二次事件的发生,要加强法制教育,使孩子认识错误,并与他们共同承担责任。对于旁观的孩子也要进行教育,旁观的孩子分为冷漠型、煽风点火型、无能为力型和制止型,对于冷漠型的孩子,要培养其社会责任意识和团结合作精神;对于无能为力型的孩子,要训练其对不公平事件的处理能力,使其掌握相关知识和技能;对于煽风点火型的孩子,要让其意识到自身的行为对事态的影响。处理校园欺凌,家长必要时可以向学校或相关机构求助,请心理老师、警官等专业人士来与孩子交流。

5. 事后溯源,查找原因"补补课"

校园欺凌的原因常常是缺少家长的关心和同伴的陪伴,缺少法制安全教育或缺少人际交往教育。很多父母忙于工作，忽略了与孩子的沟通，甚至忽略了对孩子的生活照顾，孩子感受不到温暖和关心。为了引起家长的注意，孩子在处事时便可能采取一些极端方式。如果孩子犯错误时父母总是打骂，孩子就容易形成负面情绪，以至于一点小小的刺激就会引发孩子激烈的反应。于是孩子也常用打骂的方式解决同学间的问题。因此，家长要多关心和陪伴孩子。人际交往教育中，要教育孩子尊重他人、学会换位思考，要教育孩子宽容大度，不斤斤计较。孩子如果会正确表达情绪、人际关系和谐，就不容易思想偏激、激化矛盾。孩子如果能遵规守纪，树立行为底线，就不会欺负他人。因此，预防欺凌的最好方法是帮助孩子树立法制意识，学会与人相处。

二、重视交通安全

案 例

小王每天步行上学，一天早晨，上学途中突然想起忘记带语文作业，他赶紧返回家中取作业。眼看快要迟到了，他在过马路时就没有走过街天桥，跑到路中间跨越了

专题四　安全教育

交通护栏。这时，突然一辆出租车开过来撞倒了他。小王的腿被撞伤了，出租车的前挡玻璃也裂了大缝，车前盖上还撞出一个坑。司机报了警，警察认定双方都有责任，小王违反交通规则穿越护栏引发事故，出租司机未看清路况并及时刹车。小王的腿骨折了，过了三个月才把伤养好，司机也承担了修车的经济损失。

小罗每天骑车上学，一天，路过一辆停在路边的家用轿车时，司机猛然打开车门要下车。小罗的手正好撞在轿车车门上，破皮流血了。他不知道该怎么和司机说，又觉得一点小伤没事，就继续骑车去学校了，手上的伤过了一周才好。又有一次，他骑车在校门口左转过马路时，被一辆速度很快的电动车从后面撞倒了，双方都有磕碰伤。对方想让他赔钱，但一看他是学生，加上伤得也不重，就放过了他，小罗这才进了学校。

解　析

据世界卫生组织统计，每年超过18万名15岁以下青少年儿童死于道路交通事故，数十万名青少年儿童致残。交通事故一直是我国青少年儿童的主要死因之一。车祸后果轻重不一，多见头部受伤、骨折、内脏出血、休克、死亡等。中小学生骑自行车和步行时发生的交通事故最多，事故常常发生在视野不好的黄昏或雨天，发生在骑自行车时违规在交叉路口停车，以及拐弯时有行人从汽车前后通过等时刻。

查阅公安交通部门的交通事故档案可以发现，青少年交通事故多由孩子不遵守交通规则引发，例如，过马路时不走人行横道，骑自行车逆行，在道路旁玩耍，红灯亮时横过马路，骑自行车带人，在机动车道上骑自行车，骑车猛拐，等等。

以上两个案例都暴露了孩子的安全意识淡薄和交通安全教育的不足：小王违反交通规则跨越护栏，小罗骑车被撞也不知道怎么处理。家长要对孩子进行充分的安全教育，学习相关的交通规则，教会孩子上下学路上的注意事项，遇到问题的处理办法。小罗撞到车门上手部受伤应由轿车司机负全责，当然小罗也要注意路况以保证自身安全；骑车左转时撞车双方都有责任，小罗左转应该看车、让直行车辆、非十字路口过马路要下车推行，所以他有主要责任，而对方车速太快，撞到左转的小罗也有一定责任。出现事故应该与对方沟通，留下姓名电话，以便有问题后续处理。作为未成年人，应该联系家长或向学校老师求助，以解决自己处理不了的问题。

专题四　安全教育

家教指导

孩子上学、放学，节假日外出、旅游，都涉及交通安全。所以，交通安全问题是孩子成长中的重要一课，要教育孩子从小树立交通安全意识，掌握必要的交通安全知识，确保交通安全。初中生的安全教育原则是"要保护，也要放手"，要帮助孩子学会如何应对危险。

1. 允许孩子经历适度的危险，积累经验

保护孩子最好的方法，恰恰是让孩子在真实的世界中生活，暴露在适度的危险中，而不是隔离各种危险。安全教育可以根据孩子的年龄，允许他们在安全范围内适度尝试危险，带孩子出门、乘车、骑车，渐渐过渡到让孩子自己上学、自己外出办事等。当孩子把小危险变成可控的事情，就具备了安全意识和应对危险的能力。

2. 让孩子理解遵守交通规则是对生命的保护

教育孩子从小要有交通安全意识，养成遵守交通规则的良好习惯。在道路交通中，汽车是强者，自行车及其他非机动车次之，行人是弱者。对于这一点，作为行人我们要有充分的认识，增强自我保护意识，避免与车辆碰撞。外出一定要遵守交通规则，这是对自己最基本的保护，宁可迟到，也不要做出危险的行为。遇到事故要学会求助，联系家长、老师，向路人或相关人员求助，不要私自处理。

3. 教会孩子掌握基本的交通规则

要让孩子了解基本的交通规则，在马路上行走或骑车，都必须自觉遵守交通规则。走路要走人行道，骑自行车要走非机动车道。横穿马路要看清信号灯，红灯停，绿灯行；要走人行横道线。机动车和自行车拐弯要先发信号，车辆和行人都应靠右行驶和行走。不在马路上追逐打闹，不在马路上踢球、轮滑、奔跑，打闹不追车、扒车、强行拦车，不横穿马路，不在马路上停留和玩耍。乘坐公交车，一定要在车停稳之后，再上车、下车。不乘坐无牌、无营运证、超载的车辆。车辆行驶中，不要将头、手等部位伸出窗外。

4. 教孩子认识交通标志、隔离设施

交通标志牌是用文字或符号传递引导、限制、警告或指示信息的道路指示牌。交通标线是路面上的白色或黄色实线、虚线和箭头、圆圈等标志，白色虚实线和虚线为指示标线，黄色标线限制力度最大，车辆不能越过。人行横道设在交叉路口或行人较多的路上，行人过马路一定要走人行横道。交通隔离设施主要有绿化隔离带、行人护栏和车行道隔离墩三种，好比是一座座墙，一条条分界线，车辆与行人是不能随便穿越的。

5. 教孩子学习交通安全常识和应急处理办法

家长要教会孩子行人行路安全常识、自行车行路的安全常识、乘公交车和家用轿车的安全常识，还有雨雪结冰道路上的行走注意事项。如果家在铁路附近，还要教给孩子铁路交通安全相关知识。外出乘坐火车、飞机、船只，还要教孩子相关的安全常识，教会孩子紧急情况下的自我保护方法和事故处理办法，学会求助成人。

6. 家长要提高自身安全意识，以身作则

家长首先要提升自身的安全意识，把孩子可能遇到的安全问题考虑周全，然后根据孩子的具体情况制订方案，对孩子要有保护，也要让其有放手锻炼的机会。很多时候，孩子违规是因为跟家长学的，身教重于言传，孩子的生命安全需要家长小心呵护，以身作则。

三、防范意外溺水

案 例

五名初中生在码头玩耍时,其中一名女生意外落水,旁边的两名女生赶紧伸手去拉,试图救起落水女生,但水势太猛,两名女生的水性也不好,结果这两人也相继跌落河水中。

两名14岁初中生相约到学校附近的水塘边捉龙虾,不慎落水,双双溺亡。

解 析

溺水死亡一直是近年来中小学生非正常死亡事故的黑色杀手。每年夏季,青少年溺水事故就进入高发期。此时气温升高,雨水增多,池塘、溪潭等低洼处就会蓄水。河水、湖水的水位也会上升,有时还有大雨。到了暑假,中小学生不再集中上课,可以自由安排学习生活,增加了近水机会,也更容易发生溺亡事件。家长务必增强安全意识和监护意识,切实承担起监护责任,加强对孩子的安全教育和管理,特别是加强放学后、周末、节假日期间孩子结伴外出游玩时的监护,经常对孩子进行预防溺水等安全教育，并给孩子传授相关知识和技能，提高其避险和自救能力，严防意外事故的发生。

发生溺水的常见原因有：在水边玩耍，下水摸鱼，捡落入水中的物品；游泳时抽筋或在水中打闹；雨天掉入沟坑；三五成群结伴游泳；冬日溜冰落入冰窟溺亡的事故。

教育部门每年都会向全国家长发出防范溺水的一封信，要求家长重点教育孩子做到"六不"：不私自下水游泳；不擅自与他人结伴游泳；不在无家长或教师带领的情况下游泳；不到无安全设施、无救援人员的水域游泳；不到不熟悉的水域游泳；不熟悉水性的学生不擅自下水施救。家长尤其要教育孩子遇到同伴溺水时不可手拉手盲目施救，要智慧救援，立即寻求成人帮助。

家教指导

1. 与孩子一起制订暑期计划，了解掌握孩子的生活安排

暑期孩子不必集中上课，可以自主安排学习生活。有些家长忙于工作，常常在孩子保证完成作业后，就放任孩子自由玩耍。如果家长对孩子的生活安排不了解，比如不知道孩子去玩水，就难以及时提供一些安全指导建议或防护措施。在假期开始时，家长要与孩子一起制订暑期计

划，安排好学习生活。对孩子学习之外的休闲娱乐活动，尤其是外出活动安排，家长一定要详细掌握，以采取必要的监管防护措施。

2. 教会孩子防溺水常识、游泳技能等，增强孩子自我保护和自救能力

家长要教给孩子防溺水常识，告诉孩子：不要独自在河边、水塘边玩耍，远离无人的湖边；不会游泳者，不要进入深水区，即使带着救生圈也不安全，尤其不要在野外水域游泳；一旦发生溺水，一定不能慌张，保持情绪稳定，假如有保护器材如游泳圈，则一定要抓紧，同时应立即呼救；等等。如果有条件，应尽早教会孩子游泳，使其具备在紧急情况下自救的能力。

3. 教给孩子正确的施救态度和方法

青少年溺亡事故中，因同伴溺水前去搭救，导致自身陷入同样危险的境地，继而造成更严重后果的情况很多。家长首先要肯定孩子见义勇为的精神，同时要教会孩子在正确评估现场情况和自身能力的基础上做出合理的选择。要强调向成人求助的重要性。教孩子善于利用周边环境里的长竹竿、漂浮物、围巾、腰带等物体进行施救，避免不恰当施救而带来更多的危险。

四、预防意外伤害

案 例

一天中午,初一男生思齐和同学去操场打篮球。上课铃响了,思齐听到铃响就赶紧往楼上教室跑,同班男生小哲正好从教室里出来去厕所,两个人一个从楼梯向上跑,另一个在走廊里跑,刚好在走廊与楼梯交界处相撞,两人同时摔倒了。思齐没事,站起来去拉小哲。小哲的眼镜被撞飞了,他一阵头晕,然后感觉看不清楚了。老师知道以后,先带小哲去医务室,校医感觉伤势比较严重,通知小哲家长带他去医院。医生诊断为眼眶骨折,由于向下看东西出现重影,必须做手术。小哲做了手术,医生说几个月后才能恢复。

手术后,小哲的家长提出,治疗花了3万元医药费,因为事故发生在学校,并且和思齐有直接关系,希望学校和思齐家进行医药费赔偿。学校认为事故原因是两个孩子在休息时间违纪跑动,校方无过错责任,且学校经费没有学生医药费这项开支,学校为每个学生上了校方责任险,事故要按照保险的规定程序处理。经保险公司认定,校方没有责任，不能赔付。不过校方责任险还有一项无责任附加险，主要是针对低年级学生的，学校可以提出申请，由保险公司根据具体情况进行赔付。思齐的家长认为事故中两个孩子都有过错，因此责任各半。经过协商，最后三方达成协议：学校投保的保险公司赔付了2 000元，思齐家赔付了14 000元，小哲家自付14 000元。

解析

我们的生活中潜伏着各种危险：交通事故、食物中毒、运动伤害、人际矛盾、意外受伤……意外伤害是青少年致伤致死的首要原因，已经严重威胁到当代青少年的健康成长。意外伤害一般是由违法违纪和疏忽大意造成的。本案例中涉及三方：学校、当事人思齐和伤者小哲。判断事故责任的标准是看对方是否有过错，有过错即有责任。

学校应有的责任是保证场地设备的安全，对学生进行安全教育，上课时对学生进行必要的组织保护，事故发生后及时通知家长对学生进行救治。本案例中学校走廊地面平坦没有安全隐患，学校日常进行了靠右慢行的安全教育。事故发生在课间，老师不在场属于正常情况，老师事后及时通知了家长送孩子去医院救治。本案例中学校应有的责任都尽到了，学校没有过错，因此没有责任。

专题四　安全教育

校园中学生众多，学生年纪小，容易发生拥挤碰撞等安全事故。因此学校都有校规校纪，要求学生在校园活动中要安静有序，走廊和楼梯要求轻声慢步、靠右侧行走。这些要求是为了保障学生安全的，学生应该遵守。

家教指导

意外事故是伤害未成年人的主要原因之一。一些大的事故常常源于一些不经意的小事，因此家长要注意对孩子进行安全教育，树立安全意识，了解安全常识，从小事做起，避免意外事故的发生。

1. 帮助孩子树立规则意识和安全意识

珍惜生命就要学会生存，学会居安思危，防患于未然，无论是家长还是孩子都要树立安全意识，在日常生活中考虑安全因素。违规是事故之源，预防意外伤害首先要帮助孩子树立规则意识。法律法规和社会道德准则都是为了保障公共秩序和安全的，需要每个人严格遵守。遵守规则才能保证安全、公平、有序、高效的社会秩序。家长要帮助孩子认识到规则是为了保证秩序和大家的利益，自律是自由的前提，约束是为了保证大家的安全。只有理解了规则的重要性和必要性，孩子才会自发地遵守规则。家长要配合学校进行安全教育，孩子如有伤病需要提前告知老师，加强校外监管。

2. 家长和孩子要一起学习和掌握必要的安全常识和相关技能

家长和孩子应共同学习居家生活、体育运动、外出游玩时必要的安全措施，在日常生活中熟悉并加以应用。家长要让孩子知道遇到意外事故应该向谁求助、如何求助。要教孩子如何报警或叫救护车，校内或校外受伤时如何处理。

3. 意外伤害发生后应先救治，再处理

孩子的健康是第一位的，发生伤害事故后，第一时间要先对孩子进行救治，然后再处理事故的相关事宜。后续处理时，涉及其他当事人或相关单位，可以先了解情况和咨询相关法律后进行协商。协商不成可以走法律程序，报警由公安机关处理，或起诉由法院处理。意外伤害一般都是无心之过，事故各方应该本着积极友好的态度主动沟通，高姿态处理，积极的态度有利于更好地解决问题。不要一听说孩子受伤就不问青红皂白地追究责任、斥责对方，更不要因为孩子受伤就采取过激行为，任何问题都要按照国家的法律规定公平公正地解决。

五、学会应对灾害

案 例

家住在26层楼的女孩小顾正准备出门，一推开门，一股浓重烟气呛得她一阵咳嗽，她往楼下一看全是火和烟雾，立即关上门回到屋内，拨打119。随着门外的烟气越发浓烈，小顾决定给父亲打电话。父亲告诉她用湿毛巾塞住门缝，然后用湿毛巾捂住口鼻，远离窗户趴下。最后，大火被扑灭了，小顾得救了。

凌晨3点半左右，住在四层的小鹏起床去厨房喝水，正倒水时突发地震。地震很猛烈，人根本站不住。楼房开始往下塌，砖往头上砸，他用手捂着头往下蹲，房顶一下子甩到一边，墙也倒了，身体四周堆满了碎砖，脸、后背、手均被砸伤，但未伤着骨头。这栋楼房南侧都是大房间，楼房靠北侧都是厨房、厕所的小开间，小鹏当时正在厨房的小开间内，因房子整体性较好，面积小，预制板顶只能向一边甩，不能直接坠落，他才幸免于难。

解 析

火灾是我们日常生活中常见的事故之一。地震是危害最大、发生频率较高的地质灾害。案例中的小顾和小鹏，遇到突发事故，沉着冷静，及时自救或向他人求助，挽救自己的生命于危急之时。

小顾面临大火第一时间报警，是正确的做法。火灾报警是所有人的责任，可以争取尽快灭火，减少生命和财产的损失。她给爸爸打电话，争取成人的帮助和指导也是很重要的。湿毛巾塞住门缝减少烟气的进入，湿毛巾捂住口鼻、趴下以减少身体对烟气的吸入，远离窗户避免玻璃高温炸裂后伤人，这些都是有助于保护自己的方法。

小鹏在地震发生时，正好身处厨房的小开间，开间内的一些物品恰好形成了一个小的保护区域，将小鹏置于一个有物品支撑，相对安全的区域内，所以在房屋倒塌时，他没有被落下的水泥等杂物砸中，最终得以逃生。

家教指导

灾害可怕，但是只要我们掌握了面对灾害的自救方法和逃生方法，是可以在灾害来临时尽最大可能保护自己生命安全的。因此家长要对孩子进行灾害自救教育，让他们在面对这些突发情况时保护自身安全。

1. 让孩子了解常见灾害的知识

家长要引导孩子了解常见灾害的危害以及严重后果，

同时也要让孩子了解生命的可贵，增强自我保护意识和逃生意识。

2. 告诉孩子遇到灾害时保持镇定

面对突如其来的灾害，孩子容易变得惊慌失措，无法采用正确的处理方式，在慌乱之中会不妥当地进行处理，以致错过最佳逃生时机，将自己置于险境。因此家长要教给孩子判断自身所处的环境，然后再做出应对。

3. 教给孩子一些常见的自然灾害应对办法

正确的灾害处理和灾害逃生办法成为面临自然灾害时我们最大的助手。家长提前的灾害教育有助于孩子在千钧一发之时冷静面对、智慧逃生。

六、抵御毒品诱惑

案 例

小斌过生日和十多名好友一起聚会。他们一起吃饭、唱卡拉OK。在热烈的氛围中，有人提出玩点新潮的游戏，买点K粉、摇头丸来助助兴。于是他们凑了几百元，从一名经常出没于歌厅的贩毒人员手里买来一些K粉、摇头丸开始吸食。很快，少男少女们的目光开始迷离，身体开始扭动，大家沉浸在疯狂之中。

不久，他们被公安局侦查大队的民警带到派出所。经审讯，13名学生有中学生和大学生，其中7名女生，最小的14岁，多数人此前有多次吸毒史。事后，家长痛心地问孩子为何会染上毒品，孩子回答："又好玩又时尚，有什么大惊小怪的！"

解 析

毒品指鸦片、海洛因、甲基苯丙胺（冰毒）、吗啡、大麻、可卡因，以及国家规定管制的其他能够使人形成瘾癖的麻醉药品和精神药品。我国法律禁止吸食、走私、贩卖、运输、制造、非法持有毒品，禁止引诱、教唆、欺骗他人吸毒、强迫他人吸毒、容留他人吸毒等行为。

毒品危害严重，不仅对吸毒者造成身体和精神的双重危害，还对家庭、社会造成严重影响。毒品对身体健康的危害性强，会损害大脑，影响中枢神经系统功能、血液循环及呼吸系统功能，还会影响正常生殖能力，使人体免疫功能下降。吸毒的人易怒、失眠、反应迟钝、意识不清，容易感染多种疾病，严重的会丧失劳动能力，以致死亡。获取毒品需要成本，吸毒成瘾后会花费家中大量钱财，甚至欺骗家人、不顾一切去购买毒品。毒品使人走上犯罪道路，非法持有或使用毒品、贩卖毒品都是违法犯罪行为，吸毒者还常常因筹集毒资而产生偷窃、诈骗、抢劫等其他犯罪行为。

导致吸毒的原因有很多，好奇心驱使，追求时尚、新潮；思想空虚，逆反，寻找刺激；精神苦闷，情绪低落，以吸毒麻醉自己；不相信吸毒戒不了，结果不能自拔；因不知情被欺骗、引诱或强迫吸毒；亲友间的相互影响；因治疗疾病，长期服用某种产生依赖性的药物而成瘾。

毒品和孩子的距离其实并不远。近年来，新型毒品不断出现，有麻古、彩冰，摇头粉、K粉、阿拉伯茶等，这些毒品往往有五彩缤纷的伪装，以奶茶、跳跳糖、饼干、咖啡包等形式出现，比传统毒品具有更大的精神依赖性。如"跳跳糖"遇水即化、可混在饮料中，喝一次两天大脑都会处于兴奋中，"巧克力"和"饼干"是大麻制品，"神仙水"是冰毒等混合物，"彩虹烟"是一种混合毒品；"彩色的贴纸"是无色无味的"LSD致幻剂"，几毫克就能让人产生幻觉，是目前药效最强的一种精神药品。这些新型的毒品很容易躲过警方的稽查，也容易让人放松警惕。

家教指导

毒品会造成人毁、友疏、家破。成人和孩子都要对毒品保持高度警惕。新型毒品伪装度极高，常被犯罪分子用来诱惑青少年。家长要让孩子树立珍爱生命、远离毒品的理念，并掌握辨识涉毒危险的技能，帮助孩子建立对毒品的防线。

1. 帮助孩子树立防毒意识

家长可以和孩子一起学习关于毒品的知识和新闻，明确注意事项。教育孩子不要对毒品产生好奇心，不要赶时髦、装酷或寻求刺激；不随便接受陌生人给的食品和饮料；不随便帮助不认识的人带行李，避免无意中运输毒品；遇到有人教唆吸毒的，直接拒绝或想办法离开，然后再找安全的地方报警或告知师长；不听信鼓吹吸毒可以提神、提高学习成绩的谎言。

2. 教育孩子不要涉足青少年不宜的场所

家长要教育孩子远离KTV歌厅、酒吧、网吧等场所，还要远离有不良行为的人、有吸毒史的人和涉毒网络。舞厅、迪厅里常有人推荐摇头丸，通过五颜六色的丸剂吸引青少年，家长要教育孩子注意防范。

3. 多留意孩子的状况，教孩子调节情绪的方法

教育孩子谨慎交友，杜绝不良嗜好。培养孩子不吸烟的良好习惯，杜绝攀比和赶时髦。若孩子言行有异常或零用钱花得特别快，就要特别注意。如果孩子有一些奇怪的零食或贴纸纹身，千万不要大意。孩子情绪低落时要特别关注，此时孩子情绪不稳定，最容易受人引诱，要教孩子用倾诉、运动、听音乐、转移等方法进行自我调节。

4. 注意防止药物滥用

家长要关注孩子们的身体健康，防止孩子滥用药物。"是药三分毒"，家长应引导孩子正确用药，避免过多地使用药物对身体造成伤害。比如，止咳水含有可待因、盐酸麻黄碱等成分，久用也可成瘾，并损害内脏和神经系统，不要长期服用。

专题五
媒介素养

媒介素养是指人们在面对不同媒体中各种信息时所表现出的对信息的选择能力、质疑能力、理解能力、评估能力、创造与生产能力。随着科技的发展,计算机网络和手机网络等电子媒介正逐渐成为当代中小学生获取信息的重要渠道。关于电子媒介的内容选择及使用方式是家长主要关注的内容,也是本专题的重点。

对于初中生来说,手机、电脑已经成为学习和生活的基本工具。通过网络进行的教育教学越来越多,尤其在疫情防控常态化时期,在线课程成为校内外教育教学的重要方式。通过网络开展的社会交往也越来越多,比如参与网上话题的讨论、网络交友、网络消费等。

这个阶段孩子使用网络的技术和能力往往超过了父母，而很多父母认为孩子的首要任务是学习，不能客观看待孩子的网络行为，往往会造成亲子冲突。

本专题围绕媒介素养展开，选择网上理性消费、和孩子做网友、关注孩子网聊、预防网络沉迷、理性对待网恋和学会文明上网等主题进行分析。同时引导家长及时了解孩子的网络消费行为，防患于未然；不做"侦探"，通过其他人了解孩子情况；涉及别人的信息，发布前要先征求别人的意见；满足孩子的现实人际交往需求；利用恰当时机讲解过早网恋的潜在危害；等等。

一、网上理性消费

案 例

一天，东东的妈妈查看自己的手机时，发现微信账户上少了1 000元钱，一查竟然是东东花掉的。原来是东东玩妈妈的手机，在没有获得妈妈同意的情况下，就自行在淘宝上买了玩具。知道了这件事情以后，爸爸认为，还是需要和东东定好规矩，让他明白，小孩子不能乱花大人的钱。

解析

随着网上支付的普及,很多孩子从小就学会了在网上消费。家长也会在逢年过节,给孩子发红包。但是有的孩子还没有及时建立起正确的消费观念,加上网上支付的便利,所以也导致了不少网络消费问题的发生。

近年来,随着网络游戏和短视频、直播的火爆,围绕其中的网络消费也吸引了许多未成年人,引发了不少事件。全国各地未成年人盲目性消费,高额打赏网络主播的事情时有发生。2017年,一名13岁孩子用父亲的支付宝给游戏充值了近5万元,其中最大一笔达9 999元。而这笔钱本来是给孩子做心脏病手术的"救命钱"。2016年,湖北一名14岁的男孩子在暑假里给一位网络女主播打赏了2万多元。2017年,山东一名16岁的男孩给3位网络主播共计打赏了4万多元。2018年2月,广东一名17岁的男孩子给2名网络女主播打赏了6万多元。可见,对未成年人的网络消费进行引导教育,是现代家庭教育的一个重要且迫切的课题。

家教指导

引导孩子在网上进行理性消费,建议家长从以下几方面做起。

1. 及时了解孩子的网络消费行为状况

父母应该及时了解孩子在网上的"数字轨迹",孩子平时用手机和平板电脑上网,访问了哪些网站,在玩什么主题、什么内容的游戏,看什么视频,有没有进入一些直播网站和购物网站,发生过什么消费行为,有可能会有哪些风险。父母平时也需要注意了解一些相关风险的案例,防患于未然。

2. 提早告知孩子相关网上支付的基本知识,并把好孩子上网实名制的入口关

现在许多家长会给孩子使用自己的手机,或在孩子上初中后,给孩子买一部手机。但是涉及网上支付的密码,家长应该提前做好必要的预防措施。给孩子讲解一些基本的网上支付的知识和可能遭遇的风险。有的孩子还会用成年人的身份信息注册进入游戏系统。如果孩子以父母的身份登录网络或手机游戏,那么网络平台和手游商家就很难对未成年玩家的身份进行有效识别、确认。家长必须从一开始就监督未成年人以真实的年龄等个人信息进入网络和游戏空间。只有做到这一点,针对网络运营商和游戏服务商建立的各种约束性规范才可能更好地发挥效力。

3. 对孩子在网络上的消费进行有效控制

网络消费便利便捷，在方便消费者的同时，也方便了孩子在网上"大手大脚"地花钱。很多孩子对金钱的观念不强，网上的消费刺激很容易诱发他们进行不理性的消费。半天花近5万元买游戏装备就是一个有力的证明。家长在引导孩子建立理性消费观念的同时，更要管好支付宝、微信钱包等电子支付工具，不能放任孩子随意使用电子支付工具购物消费。

4. 从小培养孩子的理财观念

在平时生活中，应结合生活实际告诉孩子"量入为出""货比三家"等理性消费观念。还可给孩子介绍一些实际生活中的消费经验。比如带孩子购物，买东西时也可以和孩子商量，以此来增加孩子的责任感。平时让孩子学会给自己的零花钱记账，让他记录下每一笔开销，并告诉他下次再要零花钱时，必须用这个"小账本"跟爸妈换。如果发现了"漏账"现象，零花钱标准就要降低。

5. 教会孩子预防网络消费陷阱

结合网上消费诈骗案例，告诉孩子一些常见的网络消费诈骗类型，如红包、转账及充值返利类诈骗，网络购物（包括游戏账户交易）类诈骗，冒充熟人类诈骗等。告诉孩子遇到转账等信息一定要提高警惕，如果受骗上当了也要第一时间告诉家长，以便及时解决，千万不要藏在心里。

二、和孩子做网友

案 例

学校放暑假了，聪聪参加了夏令营。妈妈很想知道他在夏令营中的情况，但是聪聪不喜欢给妈妈打电话。虽然聪聪经常会把动态放在QQ空间里，但是他不肯加妈妈为好友，怕妈妈在上面评论他的内容。聪聪的妈妈为此很苦恼，孩子大了，就不想在网上和家长说话，但自己又很想了解孩子在网上的动态。怎么办？

解 析

以前有些父母，为了解孩子，会拆看孩子的信件、撬开孩子带锁的日记本……在网络时代，一些家长借助社交网站窥视孩子。QQ、微博、微信等社交媒体出现后，受到很多青少年的喜爱。他们在上面写心情、晒美食、发表对时事的看法、和朋友交流互动。不少父母也开通账号，并在社交媒体上关注孩子的一举一动，有时还会渗入他们的社交圈。但很多孩子对父母的这种做法比较敏感和排斥，就像讨厌父母看他们的日记本一样。中国的父母喜欢全方位地关注子女成长，在科技越来越进步、家庭成员之间沟通越来越少的背景下，父母就越容易把了解孩子的途径寄托在QQ、微博、微信等社交网络上面，以便及时发现孩子一些不好的倾向或者不符合自己想法的因素。

虽然这种初衷可以理解，但如果操作不当往往会起到相反的作用。孩子越长大越不愿意在父母面前暴露自己的心事。他们希望有个人的隐私，这不代表刻意隐瞒。同时，家长关注孩子是无可厚非的，但要注意行为的方式，以及把握好一个"度"，以孩子认同和接受的方式去了解孩子。

家教指导

走进孩子的内心世界，与孩子成为网上好友，建议家长尝试做到以下几点。

1. 加孩子好友之前，先征求孩子意见

如果父母关注孩子的社交网络，家长最好事先与孩子沟通，征得孩子的同意。如果孩子拒绝父母的请求，父母应该尊重孩子，不要责问他们为什么不愿意让加自己为好友，而是注重与孩子的线下交流。父母应在平时的生活中多关心孩子的情绪变化，和孩子多沟通，以孩子可接受的方式了解他们的思想动态。

2. 不做"侦探"，通过其他人了解孩子情况

像"侦探"一样偷窥孩子的隐私是有风险的，因为如果父母不顾孩子的意愿，在孩子拒绝之后以"陌生网友"身份与其在互联网上交流，一旦孩子发现，将会对家长更不信任。当父母不了解孩子的情况，而孩子又不愿意说时，父母可以通过跟老师沟通来了解，或者与孩子要好的朋友保持联系，一旦发现异常，也可跟孩子的朋友了解情况。

3. 尽力做孩子的网上好友

家长和孩子在微信、微博等社交媒体上加了好友，要及时关注孩子的网上动态，保持与孩子线上交流。平时在与孩子网上交流时，注意保持平等交往的态度，把握好适宜的相关文字内容和说话的语气。在孩子的朋友圈里点赞、发表评论等要把握分寸。遇到孩子在网上发不适宜内容时，尽量线下与孩子沟通，不要马上在网上指责，避免孩子在"圈"里当众出丑。

三、关注孩子网聊

案 例

最近,贝贝的妈妈发现,孩子好像跟父母疏远了,不爱跟父母说话了。妈妈猜测贝贝可能是遇到了不开心的事情。然而,妈妈却发现他在QQ上跟网友聊得可起劲了,一有时间就对着手机、电脑,信息提示声总是"嘀嘀"响个不停。贝贝跟父母没话聊,跟网友就聊得不亦乐乎,妈妈实在搞不懂贝贝到底是怎么回事。

解 析

上网聊天能带给孩子全新的交友体验。他们可以跨越年龄差距、地域界限,交到在现实生活中交不到的朋友,了解到更多更新鲜的信息。虽然网络聊天交友新奇好玩,但网络聊天交友也有一定的风险性,一些孩子因迷恋QQ、微信聊天影响正常的学习,忽略了现实生活中与父母、老师、同学的交流,甚至还被不良网友欺骗。

QQ、微信等网络聊天"上瘾"的孩子主要有以下几类:(1)在现实中交往困难、感到孤独的孩子;(2)在家庭中缺少亲情与交流的孩子;(3)被家长严格管教、交友范围较小的孩子；（4）在生活中有失败感的孩子；（5）情感单纯、防范意识差又渴望友谊的孩子。家长要分清自己的孩子属于哪一类"网聊族"。如果孩子是正常的网络交友，且网络交友只是孩子众多交往渠道的一种，父母不必过于紧张，只要转变想法，正确地看待孩子的网上交友问题，并教给他们防范措施即可。如果孩子为了排解孤独在网上寻求精神寄托，因痴迷网聊而很少与家人沟通，父母就要需要反思自身的教育，及时调整教育策略，加强指导。

家教指导

孩子上网聊天有一定的益处，但也存在一定的风险。对此，父母要正确看待，并合理引导孩子的网络交往行为。

1. 父母主动参与，做孩子交友的参谋

如今网络交友已经成为初中生比较普遍的一种交友方式，父母要用开放的心态去接纳这种现象。如果担心网络交友的影响问题，父母可以想办法了解孩子的网上交友情况，看孩子交了怎样的网友，谈些什么话题。当孩子遇到疑问时，父母若及时为孩子出谋划策，也能在一定程度上避免网络交友的负面影响。

2. 满足孩子的现实人际交往需求

无论是性格内向还是外向的孩子，都有一定的人际交往需求。现在很多孩子忙于学习，在生活中朋友也不多，难免感到孤独。当孩子在现实中的交往需求得不到满足时，他们就会将目光投向网络，在网络上找朋友。因此，父母要给孩子创造交往机会，发展孩子现实中的"朋友圈"，创造更多与人面对面交流的机会，满足孩子在现实生活中的人际交往需求。比如，欢迎孩子邀请自己的小伙伴到家里做客，陪孩子一起去邻居家找小伙伴玩耍等。

3. 为孩子创造丰富多彩的网外生活

很多孩子喜欢上网聊天，是为了宣泄情绪，排解孤独感。父母要成为孩子的朋友，充分与孩子展开对话，平时多陪伴孩子，与孩子交流，不要让孩子认为只有和网友有话说。同时，要使孩子不要沉迷于和网友聊天，父母必须为孩子找到别的兴趣爱好，如游泳、打球、登山、旅游等，为孩子创造丰富多彩的网外生活，多引导孩子从网上走到网外，开展健康有益的活动。

四、预防网络沉迷

案 例

聪聪的妈妈忧心忡忡地对聪聪的爸爸说，最近聪聪迷上了一款网游，天天一回家就跑到自己房间，关起门来打游戏，怎么说也不听。把他的手机抢过来，他就大吵大闹发脾气。聪聪的爸爸说，怪不得最近他的学习成绩直线下降，近视度数也加深了。一定要好好管教才行。

解 析

爱玩是孩子的天性，学习紧张，生活单调，适当玩一些益智健康的网络游戏，是有助于孩子的健康成长的。但孩子一做作业就想到玩手机，离开网络就烦躁不安，而且因为沉迷网络游戏耽误学习、影响视力，家长就应该及时引导了。

家长要预防孩子沉迷网络游戏，就应该首先弄清楚网络游戏沉迷的原因。网络游戏沉迷的原因主要来自两方面：一是网游的吸引力，它能够给予孩子许多线下得不到的心理满足，比如刺激、宣泄、快乐、成就感、及时奖励、冒险合作交流等；二是现实生活的推力，孩子平时学习压力大，如果和同伴、家长交流少，生活又比较单调枯燥，而网络又提供给了他们全新的娱乐休闲空间，孩子自然就被推向网游的世界，沉迷其中。因此，了解了以上原因，就可以看到，预防或解决网游沉迷，光是封堵是没用的，而是要了解网络游戏吸引背后的机制，在生活中多为孩子寻找乐趣，设目标、定规则，让孩子体验到现实生活的快乐和意义。同时，也要和孩子讲明沉迷网游的危害，提高孩子的自控力。

家教指导

1. 注重监管，建立规则，养成时间管理的好习惯

孩子小时候自控能力弱，需要家长必要的限制和监督。家长在孩子玩网游前，需要提前和孩子约定时间。必要时，家长可挑选一些软件工具配合。近年来，我国对未成年人使用网络产品采取越来越严的监管措施，很多网络游戏企业都设置了网络防沉迷系统和青少年保护模式，家长应指导孩子合理使用。但使用这些监控软件时，家长最好提前和孩子讲清危害和目的，防止孩子因觉得家长不信任而产生逆反心理。监管是为了通过外力培养孩子的自控力，养成时间管理的好习惯。

2. 给孩子合理的休闲娱乐时间

爱玩是孩子的天性，孩子平时学业比较紧张，家长应

该给予孩子合理的休闲娱乐时间。当然，如果有兴趣，家长还可以帮孩子挑选一些益智好玩的网游，和孩子一起娱乐，交流心得，增进亲子感情。节假日，也要让孩子有与同伴交流玩耍的机会。

3. 培养孩子多方面的兴趣爱好

家长平时要注意培养和引导孩子多方面的兴趣，特别是阅读和运动兴趣。只有让孩子的课余时间和家庭生活丰富多彩起来，孩子才不会只沉迷网络游戏。

4. 自身做好表率，做孩子的好榜样

家长平时在家里也要注意控制好上网时间。特别是孩子主动和自己交流时，除非紧要的工作或任务，最好能放下手机或电脑，多与孩子面对面交流。父母的行为永远在潜移默化地影响着孩子，家长在健康上网方面要做孩子的榜样。

五、理性对待网恋

案 例

晨晨的妈妈无意中发现晨晨在网上聊天，电脑屏幕上全是男女暧昧的画面。联想起最近常听晨晨说他在网上认识了一个女孩。妈妈猜测晨晨就是跟那个女孩聊天。于是，妈妈推测晨晨一定是网恋了。

解析

现在孩子从小接触的电视和网络节目中有不少男女恋爱的情节和内容，易引起孩子们的模仿。到了青春期，则有可能引发早恋、网恋。初中生已经进入对异性的好奇阶段，这很正常。关键是家长和老师该如何引导，让他们理智面对。对孩子来说，网恋是一种朦胧美好的情感，父母对待它要慎之又慎。如果父母换个角度看，这表明孩子真的长大了，情感有了新的需求。孩子需要被聆听、被理解。家长站在"朋友"的角度和孩子谈，多了解一些孩子在网络上接触的人和事物，顺着孩子的行为和思想，才能因势利导，走进孩子的内心，更好地跟孩子交流。当然，父母也要考虑方式、方法，既要让孩子明白这样做的危害性，又要让孩子感觉父母讲的话很有道理。

家教指导

对于初中生的网恋，父母要以平常心看待，要积极引导，同时也要让孩子认识到网恋存在的风险。

1. 不要反应过度，以平常心对待

对于青春初期的孩子来说，网恋是他们早恋的一种表现形式。它代表孩子生理和心理的正常变化，这不是什么严重的问题。父母没有必要将其视作洪水猛兽，如临大敌，应把它当作孩子成长的一个转折点，用理解、包容的心态去面对。

2. 多积极引导，把网恋引向健康方向

发现孩子有网恋的苗头，父母不要大惊小怪，要跟孩子好好沟通，了解具体情况，并引导孩子把这种朦胧的网络恋情转向正常、健康的交友上来。鼓励孩子跟各种类型的人交往，而不是只跟一两个朋友保持密切关系，让孩子多关注身边朋友的优点，学习其他孩子的长处。

3. 利用恰当时机，讲解过早网恋的潜在危害

家长应在恰当的时机，让孩子明白和自己不熟悉的陌生网友的"网恋"是一件有潜在危险的事情。网络是一个虚拟的空间，许多网民的姓名、单位、年龄等资料都是虚构的，所以不要轻易地相信网上的任何人，更不要把自己的情感完全寄托在网上或者某个网友身上。否则很有可能会落入坏人的圈套，让自己受到伤害。

六、学会文明上网

案 例

小田是一名初三学生，本来成绩在班里处于中上游水平的他，最近几次模拟考试成绩却直线下降。班主任通过家访，向与小田要好的同学了解情况后才知道，小田最近开始沉迷网络，放学后总是在网吧消耗大量的时间。由于小田的父母在外务工，爷爷奶奶很难监管他的日常学习，对他沉迷网络、耽误学习的事情也束手无策。

婷婷刚上初一，她的偶像是TFBOYS（男子演唱团体），她喜欢收集偶像的海报、音乐专辑和关于他们行程动态、生活细节的新闻报道。在同样喜欢TFBOYS朋友的带领下，她加入了网上一个粉丝后援会组织。在这里，她仿佛进入了新天地，每天和一大群同样喜欢TFBOYS的粉丝热聊关于偶像的一切，也参与了网上一些论战（甚至是"骂战"）。在论战中，她和同伴一起声援偶像，反对一切对于偶像的质疑或不满，并对对方及其偶像发起语言甚至人身攻击。在一场场痛快淋漓的骂战之后，婷婷感到有一种巨大的满足感。可是当她一个人独处的时候，她也会感到有一丝迷茫和恐惧。她想不明白自己这样一个平时看起来温顺乖巧的小姑娘,为何也会有脏话连篇、刻薄恶毒的一面……

解 析

有的孩子在网络上不注重自己的言行,认为在网络的虚拟世界中可以随心所欲、恣意妄为。比如,说一些尖酸、刻薄、粗俗的脏话,发表不实的内容,转载或下载一些色情内容等。这些无意或者存在侥幸心理的行为都会在网络上留下抹不去的印记,结果可能引来一系列麻烦,甚至触犯法律。

孩子缺乏足够的知识储备与一定的社会阅历,对社会的认识以及事情的理解过于片面,往往容易感情用事,在不辨是非的情况下就妄发议论;有的孩子还会为了获得别人的关注和认可而夸大其词,也有的孩子并不能认识到这种做法的危害性,以为自己在网上随心所欲地发言并不是什么大事。

2019年颁布的《新时代公民道德建设实施纲要》中明确要求,要"抓好网络空间道德建设",要求加强网络内容建设,培养文明自律的网络行为,丰富网上道德实践,营造良好的网络道德环境。因为孩子自由上网的主要场所在家庭，因此抓好青少年网络空间道德建设的"主场"是家庭。当今的父母比以往任何时候都需要尽早地培养孩子的网络道德，使他们文明、负责地使用新时代的科技工具。充分认识到在网络社会和现实生活中一样，要做个理性文明的好公民。

家教指导

对于初中生的文明上网，家长可以从以下几个方面做起。

1. 要让孩子及早了解文明上网的行为内容

早在2001年，共青团中央、教育部、文化部、国务院新闻办公室等部门就向社会正式发布了《全国青少年网络文明公约》，明确指出了青少年文明上网的重点内容，公约指出青少年文明上网的具体内容：要善于网上学习，不浏览不良信息。要诚实友好交流，不侮辱欺诈他人。要增强自护意识，不随意约会网友。要维护网络安全，不破坏网络秩序。要有益身心健康，不沉溺虚拟时空。

2. 平时留意观察孩子的"网络轨迹"，及时引导

现在网络发展日新月异，新的网络应用也层出不穷。近年来，短视频、直播的火爆，使这些平台成为青少年网络不文明行为的高发地。因此家长要能够及时掌握孩子的上网动态，发现问题，及时教育。

3. 家长要以身作则，给孩子做好榜样

在上网问题上，父母的行为依然对孩子影响很大。如果父母沉迷网络，甚至浏览不良网页，就会对孩子产生更严重的不良影响。因此，家长要注意自身的行为，严格控制上网时间，尤其是在孩子面前，要杜绝浏览不良信息。同时，要给孩子树立榜样，网上发言理性、文明，网络交往友好适度。

专题六
性教育

初中阶段的孩子迈进了青春期,他们对异性有着朦胧的好奇心,同时经历着身体和心理上的成长烦恼。青春期孩子独立意识萌发,是性成熟的关键期,他们开始思考"我是谁""我从哪里来""我要去哪里"这样的人生终极问题。他们寻找自我,愈加独立,逐渐成熟。

青春期成长,终究是个体作为一个完整意义上的人的成长。作为初中生的家长,在关注孩子学业的同时,更要关注孩子的青春期成长过程,因为这对孩子的健康发展具有重要影响。首先,宽容、轻松、友爱的家庭氛围是根本,它满足了孩子的情感需求,并提供纾解青春期压力和烦恼的安全途径。其次,父母要提前预知并帮助孩子了解性心理、性生理的相关知识，在科学而客观的性知识基础上形成正确对待青春期的态度。再次，父母要培养孩子两性交往的基本技能。最后，父母要相信孩子，引导孩子成长为人格独立、自信健康的孩子。

本专题围绕初中阶段的性教育展开，选择正确对待自慰、关注异性交往、直面孩子"恋爱"、科学预防艾滋等主题进行分析。同时引导家长帮助孩子学会异性交往的技能；进行正面性教育，避免产生性心理问题；引导孩子合理交流情感等。

一、正确对待自慰

案 例

张女士的儿子柯宇今年13岁，是一名初中生。从小学到初中，柯宇学习优秀，也非常懂礼貌。无论是在老师眼里，还是在同学们的心目中，都是大家公认的好孩子。

一天早上，爸爸发现儿子在卫生间里自慰。他有点吃惊，但没有声张，装作没看见，跟儿子说："赶紧洗脸吃饭去，不然要迟到了。"柯宇慌慌张张地从卫生间里出来，一脸的不自在，胡乱地洗了把脸，饭也没好好吃，背上书包，跟父母招呼一声："爸、妈，我上学去了！"便匆匆忙忙地离开家。等儿子上学走后，爸爸把刚才发现的情况告诉了妻子。妻子回忆起前两天在帮儿子换洗床单时，也发现过儿子画的"地图"，当时没有多想，还以为是儿子不小心尿床了呢！儿子的行为让夫妻俩忧心忡忡，担心孩子的身体健康和学习会受到影响，也害怕儿子会学坏，但不知道与儿子怎么沟通才好。

解析

对于青春期的孩子来说，这一时期最重要的心理特征是"自我意识"和"性意识"的觉醒。当孩子步入青春期，在性激素的影响下，第二性征会逐渐发育和成熟，这时会很自然地产生性冲动或处于性饥渴状态。他们对性问题满怀憧憬、好奇与幻想，而一旦从网络或其他渠道获得了一些信息，在性生理和性心理的驱动下就会出于一种生理本能而开始自慰。自慰并不像许多父母认为的那样肮脏，而是一种正常的生理反应。然而，频繁地自慰会导致青春期的孩子精神不集中，记忆力下降；自慰也会加大龟头敏感度，容易造成阳痿、早泄、前列腺炎等问题，成年后会影响正常的性生活。所以，自慰需要有所节制，不能过度。

另外，现在电视、报刊，尤其是网络上含有色情的图片、小说、电影等无处不在。这对于性萌动期的青少年来说，充满着诱惑。这种性挑逗信息，也是引发青少年自慰行为的重要因素。

家教指导

对于初中生出现自慰行为，家长要重视对孩子的性教育，引导孩子建立正确的认识。

1. 进行正面性教育，避免产生性心理问题

12—15岁，女孩会迎来初潮，男孩会出现遗精，生理的正常发展变化会加深他们对性的好奇。父母可以大方地向孩子进行性教育。父母可以当面讲，也可介绍一些有关青春期知识的书籍让孩子自己读。孩子如果从大人那里得不到正确答案，就会从小说、影视、伙伴处寻找答案，而这样得来的往往是一些不完整的或者错误的知识。

需要特别说明的是，要让孩子明白自慰是完全正常的一种性行为。孩子的问题并非自慰本身，而在于传统观念在孩子意识中产生的罪恶感、羞耻感。父母要改变这种观念，不要再给孩子施加压力，要适当引导。

2. 进行性能量的转移和升华

转移，就是通过一些比较剧烈的身体活动，把性欲积聚的能量释放出来，达到缓解性欲的方法。比如跑步、踢足球、打篮球、游泳、爬山等大运动量的活动。青少年时期不能通过性行为来满足性欲，缓解性紧张，但可以参加各种体育运动进行性能量的转移。升华，是转移的一种特殊形式。除大运动量的活动外，可以鼓励引导孩子将这部分能量用于学习，如进行文学创作、科学发明等。

3. 引导孩子建立正确的精神追求

引导孩子阅读健康的书籍和刊物。这有助于孩子形成积极向上的人生观，提升道德修养，培养孩子健康的人格。同时，也有助于孩子树立远大理想。另外，网络在人们的生活中有积极的一面，但也是滋生罪恶的温床，大量网页充斥着色情，这是引发青少年性冲动的重要渠道之一。在日常生活中，父母要注意培养孩子良好的意志力，协助孩子在心理上筑起一道自觉远离黄色污染的防线，要时常关注孩子上网的内容。

二、关注异性交往

案 例

小兰出生在一个普通的农民家庭里,父母经常吵架,后来父亲外出务工,偶尔回家也很少和小兰交流。大雄是小兰的小学同学,上了初中,刚好俩人又分在同一个班,形影不离便成了好朋友。这天,妈妈打扫小兰的房间,突然从柜顶掉下来一封信。妈妈打开一看,顿时吓了一跳,原来是小兰写给大雄的情书,其中写道:"雄,你那天晚上对我的温柔,我永远都不会忘记!"

"这孩子怎么啦?居然做出这样出格的事情!真是造孽呀!"妈妈六神无主地瘫在地上。"不行,我得将这事情告诉老师。"

"喂,是陈老师吗?我是小兰的妈妈。请问您知道小兰和大雄的事吗?"妈妈着急地将情书的事一五一十地告诉了陈老师。

"哦,原来是这样呀,难怪小兰最近上课心神不定,成绩也一落千丈。这样吧,等一会儿下课我再找她谈谈吧。"老师安慰她说。

老师的话更增加了妈妈的担心和焦虑。孩子把握不好异性交往的尺度该怎么办？

解析

初中孩子还处在青春发育期，在性激素的作用下，对异性的心理也会发生一系列的变化，从少年时期对异性的排斥逐渐转变为青春期对异性的好奇、爱慕等。如果处理不当，部分孩子就会过早地堕入"爱河"，也就是常说的"早恋"，甚至个别孩子还会偷吃"禁果"，发生性行为，这会给正在求学阶段的孩子带来诸多的困扰和极大的冲击。案例中的小兰由于自制力不强而引发了与异性交往"过密"的行为，这是青春期孩子对异性需求和渴望的一种表现。

另外，案例中的小兰在成长过程中缺乏家庭的温暖，缺乏父母的"爱"，尤其是父爱，就容易造成在孩子的潜意识里去寻找这一份"爱"。又正值青春期，身体的发育、学业成绩的焦虑和同学之间的人际烦恼等，都会加速促使孩子去寻找情感依靠，来缓解内心的焦虑和彷徨。如果家庭气氛和谐，孩子就会向父母倾诉。反之，孩子就容易被压力推进"爱情"的旋涡，对异性同学倾诉被压抑的情感，这种情况其实是潜意识里寻找成长路上缺乏的"父爱"或"母爱"，并且常常会误认为这就是真正的"爱情",导致深陷其中而难以自拔。

家教指导

随着青春期的来临,初中生对异性产生好感和爱慕是一种正常的现象。家长对此要冷静面对,并以合理的方式来引导和处理孩子的异性交往。

1. 了解事实真相,冷静面对,正确处理

家长在发现小兰的情书之后,要心平气和地与她进行沟通,了解基本情况,并进行相应的引导。如果小兰只是处于单方面暗恋状态,家长可以先接纳小兰的想法,并引导她正确认识、疏解自己的情感。如果小兰和大雄已经是恋爱关系,家长可以和小兰、大雄坦诚沟通,表达家长的关心和担忧,引导他们正常交往。如果小兰和大雄已经发生性行为,家长要首先确认小兰是否怀孕,如果有,应该在包容和关心的前提下,和两个孩子及对方家长一起商量对策;如果没有,要严肃告知两个孩子这种行为可能会带来的严重后果,以及他们可能要承担的责任,以此让孩子明白自己还是个未成年人,还不具备结婚生子的条件,引导他们认识到自己当前最重要的任务是学习。

2. 帮助孩子学会异性交往的技能

在日常生活中,父母应注意正确引导孩子的异性交往。教育孩子在异性交往中既要有尊重、真诚和礼貌的态度，也要注意把握好交往的"尺度"。首先不宜"过密"。此时期的异性交往不适宜过于亲密，彼此之间应保持一定的距离，这里说的距离既包括身体之间的距离，也包括心理上的距离。其次不宜"过疏"。提倡积极参与正常的异性交往，但不能因为对方是异性而产生害羞心理，甚至产生排斥心理，而导致性心理的异常发展。此外，异性交往中应该提倡"多方"交往，即几个异性组成的团体式多人相互交往，避免"单独"的专注式交往，即两个异性之间"一对一"的交往。因为"单独"的专注式交往对于此时期的孩子来说，是难以把握情感界线的，也容易受到外界的误会，从而给双方带来巨大的心理压力。

3. 营造温暖和谐的家庭氛围

家庭是温馨的港湾，累了可以回家休息；在外面受到委屈了，可以回家倾诉；心灵受伤时，可以回家疗伤；所以说家永远是家庭成员最好的放松与休息的场所。因此家长有责任营造温馨和谐的家庭氛围，维护亲密的夫妻关系和良好的亲子关系。父母关系亲密而稳固，就能给家庭中的孩子带来安全感和自信心，能对孩子的心理健康成长起到重要的作用。亲子关系良好，孩子才会把成长中遇到的困惑与父母交流和分享，父母也才可能更有效地影响和教育好孩子。特别是处在青春期的孩子，父母如果能成为孩子的倾诉对象，成为孩子的情感支持，孩子自然就会自尊自爱，独立成长，不容易被异性情感所困惑，更不容易发生"性行为"。

三、直面孩子"恋爱"

案 例

一天，子轩的妈妈在打扫女儿房间的时候，发现了一张写满字的纸片。仔细一看，好像是一个叫浩然的男孩子和女儿的交流笔迹。两人在纸片中互称"老公""老婆"，大胆热辣的表白让妈妈胆战心惊。原来是孩子谈恋爱了，怪不得最近学习成绩也直线下滑了。妈妈很担心，就告诉了子轩的班主任。不久，班主任和妈妈都找子轩谈心，告诉孩子早恋的坏处。子轩不胜其烦，学习状态更差了。其实，子轩是个活泼好动的漂亮女生，她喜欢舞蹈、唱歌、表演，是同学眼中的小明星。由于经常参加演出活动，她的学习有点跟不上。子轩认为学习上的落后只是小瑕疵，掩盖不了她的明星光芒。

可是,爸爸妈妈却非常着急,经常给她施加压力,每天三句话不离学习。子轩很苦恼,觉得无法与父母交流了。于是,子轩放学后不是立即回家,而是在学校周围徘徊。就在这时,浩然主动接近她,说自己是子轩的铁杆粉丝,一直暗暗仰慕她。子轩从浩然的话语中找回了往日的"明星"感觉,两人的距离一下子拉近了。浩然比子轩大两岁,特别会安慰她。子轩觉得自己的苦闷、心事有了倾诉的对象。从此,两人开始约会,经常手拉手地谈心散步。浩然还经常给子轩写信,表达自己的爱慕和思念。

解 析

孩子步入青春期,在性激素的作用下,身体和心理都会产生一系列的变化,性意识开始觉醒和发展,异性之间相互吸引,很容易产生恋情。

案例中子轩的妈妈认为青少年谈恋爱会严重影响到学习和生活,处理不好,容易使双方受到情感伤害。

另外,子轩的父母紧盯孩子的学习成绩,忽略了孩子在其他方面的长处。当孩子在学习成绩方面有起伏变化时,爸爸妈妈表现得特别焦虑,这让子轩感觉爸爸妈妈只是在乎她的分数,根本不在乎自己内心深处的渴望。不被父母认可，是子轩走向恋爱的根本原因。

此外，当子轩妈妈发现了孩子谈恋爱的苗头后，直接和学校老师取得联系，对子轩实施围追堵截，让子轩"不胜其烦"。父母实施的"围堵"策略明显是治标不治本。

家教指导

父母应正视初中生的谈恋爱现象，做孩子的朋友，积极引导孩子正确认识"恋爱关系"。

1. 走出两个误区，纠正认知

误区一：恋爱是可耻的。这种认识是错误的。由于生活水平的普遍提高，现在的孩子发育得也更快更早，性成熟的时间也提前了。有的女孩十一二岁就来月经，有的男孩十二三岁就出现遗精。第二性征开始显露，体内大量性激素的分泌，促使其性机能逐步成熟，容易产生性兴奋、性冲动，进而催化了他们的性意识和对异性的关注与渴望。所以，恋爱是一种正常的现象。

误区二：恋爱有百害而无一利。这种认识是片面的。实际上，青春期少年对了解自己以及评价自己怀有强烈的愿望和极高的积极性，在与异性的正常交往中，把异性当成一面镜子，通过异性的评价来认识自己，有助于自我认同感的建立，学会接受并欣赏自己。

2. 找出恋爱原因，对症下药

子轩的恋爱主要来自父母对她情感需求的忽视。孩子获得荣誉的时候，父母更多的是谈学习成绩；孩子心情苦闷的时候，父母依然没有看到孩子对于被接纳的渴求，依然是跟孩子要成绩，要学习态度。

同时，子轩的恋爱还来自于父母过多的"敲警钟"。子轩的妈妈对恋爱的态度是拒绝和排斥的，经常跟子轩讲谈恋爱的危害。父母这种拒绝和排斥就会引起孩子的逆反心理，更容易引发早恋。

3. 采取多种路径，适当疏导

青春期的孩子容易产生成人感，独立意识增强，从心理上想脱离对父母的依赖，出现"第二反抗期"。这个时期对孩子进行合理的疏导，会为今后的恋爱择偶做早期准备。

（1）鼓励孩子参加集体活动。丰富多彩的集体活动，如旅游、文体活动、公益劳动等能转移孩子的注意力，发泄其充沛的精力。孩子经常参加集体活动，就会更阳光、更健康。

（2）帮助孩子设立"防火墙"。性欲望和性冲动是正常的，但如何去应对欲望和冲动，则要通过大脑和意志的选择。妈妈要对女孩进行避孕知识的教育，爸爸要对男孩进行保护女孩的责任教育。父母必须告诉孩子要懂得尊重对方和自己,男女同学之间可以进行正常合理的交往,比如聊天、玩耍,要把恋爱的想法化作学习、友谊、奋斗的动力,但是拥抱、接吻、同居这样的事情是严格禁止的。父母还要把发生性关系可能带来的不良后果讲清楚,让孩子明白"为什么有些事情现在还不能做"。

(3)引导孩子合理交流情感。很多孩子出现恋爱,是由于缺乏关爱。因此,父母要营造温馨、和睦的家庭氛围,让孩子有安全感。父母积极与孩子进行情感交流,不要一开口就问孩子学习如何,可以从生活的其他方面,从孩子感兴趣的话题入手。这种沟通能够帮助孩子打开心结。此外,父母也可以聊聊孩子恋爱中遇到的问题,与孩子一起解决问题,增进孩子对父母的信任。

四、科学预防艾滋病

案 例

阿浩喜欢网上聊天,经常在网上结交一些朋友,有时候和网友还聊得很愉快。有一次,他和一个男网友聊得很投机,聊了几次过后,网友请他吃比萨。到了约定地点后,网友说身上钱不多,要求阿浩陪同他回家取钱。阿浩没有想太多,就和他一起去了网友家。可是没想到的是,他在网友家中遭挟持,被强暴。他吓坏了,也不知道这件事情的危害,回家后也不敢和父母说。半年后献血时,他却查出被艾滋病病毒感染。

解 析

很多人都听说过艾滋病,但真正了解这个病的人却为数不多。人们往往谈"艾"色变,此病之所以引起人们的恐惧,主要是因为艾滋病是一种危害性极大的传染病,由感染艾滋病病毒(HIV病毒)引起。这种病毒侵入人体后,专门攻击和破坏人体的免疫系统,使人体丧失免疫功能。因此,艾滋病患者易于感染各种疾病,并易发生恶性肿瘤,病死率较高。另外,不少人对艾滋病缺乏正确认识,不清楚它的传染途径。因此,预防艾滋病教育刻不容缓。

家教指导

父母应该如何引导孩子正确认识艾滋病、学会自我保护、珍爱生命、尊重生命呢?

1. 抓住契机,知"艾"防"艾"

孩子可能会从各种媒体或朋友间接触到艾滋病、性和毒品的话题，父母与其视而不见或支吾应对，不如趁家庭氛围轻松自然时，主动出击，与孩子共同探讨艾滋病的相关知识。如果父母觉得艾滋病或性的话题难于启齿，可以选择在电视或报纸等媒体上出现相关报道时，引导孩子主动查阅并学习艾滋病相关知识，从中了解艾滋病的严重性和危害性，意识到危险可能就在身边，以及"对自己的行为负责"的重要性。当然，也不能谈"艾"色变，一些正常的行为是不会传播的，如握手、拥抱、抚摸、一起吃饭、共用碗筷、共用厕所等。

2. 参加公益，关爱"艾人"

在孩子具备了防"艾"的一些常识后，不妨引导其参加到社会防"艾"行动中，成为一名防"艾"使者。引导孩子参加此类公益互动，一则可以提高其对艾滋病的正确认识，提升防"艾"意识；二则可以发挥其自身力量，号召公众树立正确的道德观念，形成健康文明的生活方式；三则可以了解到艾滋病患者所承受的痛苦，以引发孩子的同情和理解。

3. 洁身自好，珍爱生命

在孩子掌握了防"艾"的基本常识后，可以引导孩子思考艾滋病患者患病的原因，树立预防传染病的意识。引导孩子升华到对生命的热爱，树立健康的思想和良好的生活习惯，洁身自好，谨慎与他人交往，珍爱自己的生命，对自身的身心健康负责。

专题七
家庭沟通

　　家庭是社会系统的一部分，是一个小社会，由密切关联的家庭成员组成。良好的家庭关系，对青少年的成长发挥着积极的作用。家庭中的亲子关系和夫妻关系，都潜移默化地影响着孩子的成长。面对青春期的孩子，家长管控过严、限制过多、过多采取惩罚措施，都容易引起孩子的对立和反抗，而尊重、民主、协商的教养方式更容易赢得孩子的信任与合作。家长积极营造一种温馨而接纳的家庭氛围，有助于孩子顺利度过青春期。当今社会结构多元，人们生活的需求各异，家庭的形态也是各不相同。然而，家庭结构并非青少年健康成长的唯一决定因素。负责任的单亲家庭父母同样可以通过努力对青少年的成长实施积极的引导和支持。

家庭、学校、社会共同营造了孩子成长的环境。家校合力而教,相互配合、相互支持、互相协调,可以调动更多的教育资源,减少因家校教育分歧而产生的摩擦,协力促进学生发展,为孩子的成长保驾护航。

本专题围绕家庭沟通展开,选择建立和谐关系、基于尊重的管教、单亲家庭教育、参与学校活动、营造民主氛围等主题进行分析,引导家长要充分重视夫妻关系;协商建立家庭规则,对孩子行为进行指导和训练,施以正面管教;父母注重自身成长,发挥榜样作用;坚持重要的原则、规范和价值观等。

一、建立和谐关系

案 例

小新在初一下学期被诊断为轻度抑郁症。医生给小新开了药,并建议她接受心理咨询。小新同意服药,但不愿意做心理咨询。她不想和陌生人说话,爸爸妈妈怎么劝都无济于事。

专题七 家庭沟通

在得到诊断结果之后的这段日子里，小新的妈妈进行了自我反思。她认为小新的问题可能和自己对小新的教育方式不当有关。妈妈决定自己先接受心理咨询。她给小新办理了休学，并请假在家陪护小新。爸爸也减少了出差的时间。爸爸和妈妈之间的沟通交流也更密切了。在咨询过程中，小新的妈妈发现自己过去在许多方面对小新做得不够好。比如，在学习上对小新的要求过高，和小新交流时比较强势，在很多小事上和小新较劲，等等。她经常和小新爸爸交流，也一点点地调整与小新的相处方式。渐渐地，小新的妈妈和爸爸相处得更加融洽，妈妈与小新的交流越来越多，母女关系也越来越好了。几个月后，小新的抑郁情绪逐渐减轻，终于可以复学了。

解 析

初中阶段，青少年身体发育加快，体内激素水平发生比较大的变化，这会对他们的情绪产生一定的影响，使他们变得更加敏感，更容易兴奋、冲动，情感体验也更丰富、更深刻。当然这些影响很大程度上会受到家庭、学校、社区等环境因素的制约。比如，虽然在青春期发育初期，激素水平的迅速升高会让女生变得多愁善感，但并不是所有的女生都会像小新那样患上抑郁症。当在家庭关系、师生关系以及同伴关系上出现问题时，性格内向的青少年更容易产生忧郁的情绪。对于拥有良好的家庭关系、师生关系以及同伴关系，性格开朗外向的青少年而言，激素变化对他们情绪和行为的影响则是有限的。

家庭是社会系统的一部分，是一个小社会，由密切关联的家庭成员组成。家庭中的每个人都会影响到其他人，同时也会被其他人影响。以独生子女家庭为例，就存在夫妻关系、父子（女）关系和母子（女）关系共同组成的家庭系统。夫妻关系、亲子关系都会影响到孩子的健康成长。此外，家庭也是一个动态的、变化的系统。每个成员都在成长和变化，夫妻关系、亲子关系等都会发生一定的变化，从而影响每个家庭成员。案例中，当小新被诊断为抑郁症时，小新的父母能根据小新的情况，调整工作和生活状态、改变与小新交流的方式等，使夫妻关系、母女关系、父女关系得到了改善。

家教指导

好的家庭关系对孩子就是一种教育，能够潜移默化地影响孩子的成长。和谐的夫妻关系、良好的亲子关系，都有助于青少年的健康成长。

1. 夫妻关系是家庭关系的核心

（1）充分重视夫妻关系。父母不要因为子女而忽视夫妻之间的关系，也不要把关注点全部放在子女身上。这样不仅自己十分焦虑，也不利于对子女的教育。在家庭关系中，夫妻关系很重要，良好的夫妻关系能带来融洽的家庭氛围，让青少年感到安全，也使他们更有勇气去迎接挑战，有利于他们的健康成长。

（2）有效沟通。夫妻之间要保持良好的沟通，通过沟通了解彼此的兴趣、对事情的看法和态度等。沟通能让夫妻更加理解对方，减少和避免冲突，保持一致的观念和态度，构建和睦的家庭氛围。

（3）相互支持。在面对子女教育或其他生活中的问题时，要共同思考对策，一起做出决定，劲儿往一处使，相互支持的夫妻会更有力量面对挑战，也会让子女感到更加安全。

2. 温暖的亲子关系是青少年顺利建立和发展社会关系的基础

初中生在身体和心理方面会发生迅速改变，父母需要适应青少年的变化，更多地理解他们，做出及时有效的调整，从而减少亲子冲突。

（1）理性看待孩子的变化。青少年在激素的作用下，身心都发生着巨大的改变，这种改变让他们渴望像成年人一样被尊重、被理解、被重视。因此，父母不能再把他们当成年幼的孩子，而要逐渐转变态度，把孩子当成一个正在长大的青年去指导，协助他们了解全新的自己，做好成年的准备。

（2）保持和孩子的沟通。多数孩子在小时候都是愿意和父母聊天的，之所以有的孩子渐渐不爱说话了，是因为说了就会被批评、没说几句就开始聊学习、说了会被惩罚、被刨根问底，等等。所以他们就干脆不说话了。当孩子愿意主动表达时，家长要多聆听、少评价，了解更多有关孩子的情况。父母可以通过谈话表达对孩子的理解，或是以建议的方式表述自己的观点。如果孩子已经减少或拒绝沟通了，家长则要先找到自己的问题，调整方式，岔开话题，保持和孩子的良性沟通。

（3）给孩子提供支持。初中生虽然很渴望独立，但他们阅历有限，当真的遇到困难时，他们还是非常渴望得到成人的支持和帮助的。因此，家长要在沟通并理解孩子的基础上，了解孩子需要什么样的支持，积极给孩子提供有效的帮助，促进孩子的成长。

二、基于尊重的管教

案 例

小明和小琦都是初二的男生,两人是好朋友,都喜欢打篮球,关注时尚。两人相约一起买了喜欢的球队队服,上学时先将队服穿好,然后在外面套上校服来到学校。课间休息时他们特意脱了校服,穿着帅气的队服在操场打球。年级组长看到后,跟他们强调了校规——在学校必须穿校服,要求他们遵守学校的规则,并电话告知了他们的家长,请家长也配合监督。

第二天,小明和小琦都穿好校服来到学校,但状态截然不同。小明一脸沮丧地向小琦抱怨说:"昨天我妈很生气,就这点儿小事儿我都不知道她有什么可生气的,说'去学校是让你学习的,是让你穿这衣服去显摆的吗?',还把我的队服没收了,直到这学期结束,还说这个学期都不会给我额外的零花钱,不让我买新衣服了,简直太烦了!"

听了小明的叙述,小琦有些惊讶,他想到了自己的妈妈。在前一天回家后,小琦的妈妈先是笑着调侃他说:"儿子长大了知道打扮自己了啊!穿这衣服打球觉得特帅吧！是不是好多人都看你？"小琦虽然有点儿不好意思，但心里觉得妈妈说得对，不好意思地笑了。妈妈随后坚定而平和地说："我知道你希望别人关注你，穿特别的衣服、擅长打球都能吸引他人的注意，妈妈理解你的心情。但是，校有校规，妈妈希望你上学的时候要穿校服。"小琦觉得妈妈说得对，点头答应了。

解 析

青少年面临的最重要的发展任务之一是获得成熟而健康的自主性。自主性指的是在不依赖他人的情况下独立地做出决定并管理生活事务的能力。青少年从父母身上感受到的关心越多、获得的自主权越多，对自己的行为、心理社会发展和心理健康的评价就会越积极，自信心就越强。相反，当青少年认为父母试图控制自己时，他们的心灵会受到很大的伤害，远远超过他们认为父母想要约束和控制自己的行为所带来的伤害。在案例中，小琦的妈妈给予了小琦可以换种方式表现自我的自主权，以及假日随意打扮的自主权，并要求他遵守学校规定，而小明的妈妈则忽视了小明内心渴望表现自我的情绪感受。

就家长的教养方式而言，专制型教养方式是一种限制性非常强的教养方式。通常家长会强加很多规则在孩子的日常管教中，他们期望孩子能够严格遵守，但很少向孩子解释遵守这些规则的必要性，通常家长会通过惩罚和强制性策略来让孩子遵守这些规则。在案例中，小明的妈妈所采用的就是这样的专制型教养方式。毫无疑问，这让小明很反感，也不利于亲子关系的和谐。

权威型父母坚持重要的原则、规范和价值观，但是也乐于聆听、解释和协商。这类父母会对孩子提出许多合理的要求，并且注意说明要求孩子遵守规则的原因，确保孩子遵守这些规则。他们会更多地接纳孩子的观点并做出回应，会征求孩子对事情的意见。他们对孩子的行为进行适当的控制，但是不会控制孩子的情绪、想法和自我意识。因此，权威型父母能够尊重孩子的观点，以合理、民主的方式来教育孩子。案例中，小琦的妈妈所采用的就是权威型的教养方式，这让小琦更加独立、开放和成熟。

家教指导

尊重和管教并不矛盾，初中生家长可以从以下两个方面做起，对孩子进行教育。

1. 理解孩子的情绪、了解他们的想法

父母可以营造温馨宽松的家庭氛围，时常对孩子表达关爱。此外，对孩子的情绪、想法表示理解，而不要忽视和否定。很多时候，父母千言万语的说教，抵不过一句"妈妈（爸爸）理解你"和一个温暖的拥抱。当孩子觉得父母理解自己、关爱自己时，也会更加愿意听从父母的建议和指导。

2. 协商建立规则，对孩子的行为进行指导和训练，施以正面管教

在尊重和理解的前提下，父母需要引导孩子建立规则，具体有以下几种做法。一是给予孩子表达的自由，允许孩子说出自己的感受和观点，并认真聆听；二是客观而清晰地阐述自己的感受和观点；三是和孩子一同协商，根据孩子和父母双方的需求，定好规则、调整目标，并给孩子一些自由，为孩子提供一些可行的方法；四是对于定好的规则，要温和而坚定地敦促孩子去执行，并根据情况调整规则；五是鼓励正向行为，给出修正和提升的时空，允许孩子犯错误，并及时总结，纠正偏差行为。比如，在上述的案例中，妈妈还可以继续引导小琦思考，在遵守校规的前提下，还有哪些行为会赢得别人的关注。其实不管穿什么，在打球时，命中率高的人总会得到最多的喝彩，另外，课上爱发言、很擅长某学科、在班级活动中多出力、乐于帮助别人……这些行为都会受到同学们的欢迎和认

可。在此基础上，妈妈鼓励孩子从中选择自己愿意做的事情，今后更加努力，从而体现自己的价值，获得别人的关注。

三、单亲家庭教育

案 例

甜甜是一名初一女生，担任班级的生活委员。她做事认真负责，乐于助人，是老师的得力助手。入学一年来，甜甜多次在演讲比赛、朗诵表演、图书推荐等活动中积极参与并表现良好，学习成绩也十分优异。甜甜的父母在她小学五年级时因感情不和离婚了，离婚后两人保持着较好的关系。甜甜和妈妈、姥姥、姥爷一起生活，由于爸爸和妈妈工作都很忙，所以日常生活多是由姥姥、姥爷负责照顾。妈妈几乎每晚回家后都会和甜甜聊聊天，在周末或者假期时，甜甜也会去爸爸家住。妈妈和爸爸会参与甜甜成长中的一些重要活动，比如，在初一时，妈妈到现场看甜甜的演讲比赛，而爸爸则出现在了图书推荐活动的现场，并上台和甜甜一起推荐他们共读的书目。此外，甜甜的妈妈在工作中十分努力，多次在单位获奖。妈妈的努力和成绩也使她成为甜甜学习的榜样。

解 析

当今社会结构多元，人们生活的需求各异，家庭的形态也各不相同。可能因为各种因素而形成父母一方与孩子长期共同生活的家庭状态，如：离婚、配偶一方离世、长期两地分居、未婚等。其中离婚家庭占单亲家庭的主体。1987—2017年，我国家庭的离婚率由0.55‰上涨至3.2‰。在单亲家庭中成长的孩子也逐年增多。对于父母离婚，年长的孩子更容易理解，知道自己并不需要对父母离婚负责。父母离婚时，甜甜已经上五年级了。随着认知的发展，加上父母平和的解释，她能更好地理解父母为什么离婚。但是，刚上初中的甜甜也正处于从家庭走向社会的过渡阶段——青春初期。此时更需要来自父母的指导和支持，她才会在走向社会的过程中更有勇气和信心。

另外，家庭的结构会对孩子的成长产生一定影响，但并不是唯一因素。其实，父母之间的关系、教养儿童的方式以及创设良好家庭氛围的能力可能比他们的婚姻状况更能影响到孩子的适应状况。有些父母会因孩子的教养问题产生矛盾分歧，长期冷战或争执不休。这容易导致孩子在儿童和青少年时期的学习和生活上的适应困难。那些生活在稳定的单亲家庭或继父母家庭中的青春初期的孩子也能获得很好的发展。因为他们能够从稳定和谐的家庭中获得更多的安全感、更细致的生活指导和及时的心理疏导。

家教指导

初中生处于青春初期，此时是他们的情绪管理和行为控制能力协调发展的关键期。很多单亲家庭的孩子在这个阶段难以获得来自父母双方的同步支持，同时他们还要面对离异家庭的各种矛盾和困难。他们的成长比完整家庭的孩子更加困难。而单亲家庭的家长也会因为孩子不在身边而难以施教，或者是缺少家庭教育的助力而感到力不从心，尤其在孩子情绪爆发或者有行为问题的时候，会有"独木难支"的感受。

但是，单亲家庭同样也能教育好青春初期的孩子，父母可以从以下几个方面做起。

1. 积极理性地看待家庭结构的变化

家庭结构本身并不是影响家长自身发展和青少年成长的关键因素，单亲家庭也并不一定给孩子带来消极影响。父母双方，特别是与孩子长期居住在一起的一方，如果能保持良好的心态，努力担当起自己的养育职责，以恰当的方式陪伴孩子，保持亲密的亲子关系，同样能够促进青春期孩子的成长。同时，在青春初期，父母扮演好自己的角色，为孩子做好一个成年男性或女性的榜样，可以为孩子的性别角色认同提供支持。

2. 创设良好的家庭环境

（1）对孩子保持温暖、支持的态度，监督孩子的行为，并随着孩子进入青春初期，对他们提出合理的成长期望，孩子的个性积极发展。

（2）离婚家庭中的父母双方应避免在孩子面前发生冲突，能够理性地处理双方矛盾，不相互批评与指责，保持良性沟通，发展有效的共同抚养关系，这样有助于提高青春初期孩子的安全感。

（3）离家的父母一方，要与孩子保持持续的亲密联系，高质量地参与到孩子成长的重要事件中来，并给予积极支持，有力地扩大青春初期孩子的社会视野，让他们能够全面地看待问题。

3. 父母注重自身成长，发挥榜样作用

青春初期的孩子特别敏感、冲动，单亲家庭的父母，特别是抚养人一方，要通过自身的成长为孩子树立榜样。抚养人自身的情绪状况、受教育水平、能力以及经济收入都会对这一阶段孩子的成长产生深远的影响。因此,单亲家庭的父母们可以通过多方面、多途径的自我提升,为孩子的成长提供更优质的支持。而这个成长的过程也将促使父母摆脱困境,提高自我满意度和生活幸福感。

4. 积极寻求社会支持

与核心家庭中父母合作共同抚养孩子相比,单亲家庭中的父母一方要更多地承担养育孩子的责任,会更辛苦、压力也可能更大。因此,适时、适当地寻求社会支持来帮助自己教养孩子,既可以分担压力,也可以促进青春初期孩子的社会性发展。另外,积极的社会支持也会让孩子对社会有更多积极的理解,从而提升他们对社会的认知能力。

四、参与学校活动

案 例

小冉是一名初三女生。自初一起,小冉的妈妈就十分关注小冉在学校的情况,经常与班主任老师、学科老师以及合唱团的老师进行沟通。小冉的妈妈十分支持小冉的合唱团活动,鼓励女儿发展特长爱好。在准备一些大型比赛时，合唱团不仅会占用一些课余时间，有时还会占用一些上课时间。合唱团会和家长做更多的沟通，并安排老师帮助孩子补习落下的功课。小冉的妈妈没有抱怨学校的做法，而是积极配合排练工作，帮助小冉想办法更好地安排时间。三年下来，小冉逐渐具备了很好的时间管理能力。

初三以来，小冉妈妈更加关注小冉的身心状态和学习成绩，针对小冉在家的一些问题，和老师探讨解决办法。老师不但安抚小冉妈妈的情绪，和妈妈一起想办法，也更加关注小冉在校的学习生活情况。就这样，小冉在初三虽然也会迷茫和紧张，但在家长和老师的帮助下，多数时候都是淡定的、愉快的，并最终以优异的成绩考上了理想的高中。

解 析

家庭、学校、社会共同营造了孩子成长的环境。家庭和学校是青少年时期人们生活得最持久的场所。在家庭和学校所遇见的人、遭遇的事情、看见的事物对青少年都会产生最直接的影响。这些影响不是一个个孤立的点，而是相互联系的。

家校合力推进发展是指家庭和学校相互配合、相互支持和协调，共同促进学生的发展。初中生处于青春初期，是从家庭走向社会的关键时期，需要来自家庭和学校两个方面的成长助力。家校合力推进发展可以为初中生建造一座桥梁，让他们顺利地走出家门，走进社会。

家庭和学校丰富多元的教育资源以及相互沟通的教育力量，对于提升学生的学业成就、社交能力、自我管理能力等有很大帮助。正如案例中小冉的妈妈那样，认可并主动配合学校教育，积极沟通，将自己的忧虑和愿望合理表达，寻求学校的配合与帮助，帮助小冉在学习成绩、时间管理、心态调节等多方面都取得长足的进步。

家长参与家校合作程度越高，孩子成长状况越好。家校合力推进孩子的教育，会在一定程度上降低孩子的学习压力，提高其适应能力和问题解决的能力。家庭教育与学校教育的高度一致性，会减少因家校互相不理解而产生的"高能耗"，大家劲儿往一处使，积极关注孩子的成长、积极参与孩子的成长，可以大大提高孩子的求知欲、自信心和耐挫力。

家教指导

家校合力推进学生发展需要家庭和学校的配合，在此仅从家长的角度提出指导建议。

1. 重视家校合作

家长要认识到家校合作的重要性以及其对孩子成长带来的积极影响，并根据学校和孩子成长的具体情况，主动地参与到家校合作之中，履行家长的教育职责。家长要积极与老师和学校保持联系，交流沟通孩子的学习和生活情况，支持配合学校教育，并寻求老师和学校对家庭教育的协助。同时，参与和支持家委会工作，助力学校发展建设。

2. 家长要善于学习，成为孩子成长的支持者

家长可以通过家长会、家长教师协会（家长委员会）、家长教育咨询、家长书面联系等方式向老师了解孩子的情况，并学习有效的家庭教育方法，了解学校的教育理念和安排，给予支持和配合。案例中小冉的家长在这方面做得很好，她信任老师的专业性，积极与老师沟通，了解孩子的情况，并得到了有效的指导。她信任学校对孩子的培养方式，在鼓励孩子参加合唱团的同时利用这个机会提高孩子的时间管理能力。

3. 家长参与学校活动和管理，陪伴孩子成长

家长可以以志愿者的身份参与到学校的校园文化建设中来。比如，家长可以作为班主任的助手协助家长团队的建设，为班级、年级活动出谋划策；家长还可以结合自身

经历给学生做行业、专业讲座,传授某领域的专业知识和技能,开阔学生的视野,帮助学生了解职业生涯等。在深度参与学校活动和管理的过程中,家长可以了解学校和班级发展的情况,增进和老师的沟通,深入了解孩子在校的学习情况。此外,家长参与学校活动和管理还为孩子树立了服务学校的榜样,让孩子对学校更有归属感,提升他们的成长动力。孩子们也会因此而更愿意承担自我发展的责任,他们在班级中的价值感、存在感会因为父母的影响而更强烈。这都必将促进孩子的学业进步、思想成长和道德提升。

五、营造民主氛围

案 例

洋洋很小的时候,爸爸妈妈就会和她念叨家里的大事小事。比如,周末要去什么地方玩儿,假期要不要去姥姥家住等。随着洋洋不断长大,爸爸妈妈会和她讨论一些家庭事务。比如,姥姥想去住养老院,妈妈要换工作等。考完试或者参加完一个重要的活动一家人也会坐下来谈谈,聊聊感受,遇到的问题,需要什么帮助,未来可以做些什么，等等。总之，父母会把洋洋当成一个有能力的、值得信任的"小主人"，平等地和她沟通交流。

　　此外，在洋洋自己的事情上面，只要与基本原则不冲突，爸爸妈妈都会以她的想法为主，尊重她的决定。洋洋也习惯了审慎考虑，自己做主的决定方式。洋洋说，正是因为爸爸妈妈一贯尊重她的想法，让她参与家庭事务，她在遇到一些事情时，也非常愿意主动和爸爸妈妈说一说，向他们寻求帮助，听听他们的建议，然后选择性地采纳父母的建议。

　　解　析

　　青春期的孩子不再盲从于父母的权威。青少年的认知发展打开了通向自主性的途径；他们可以越来越有效地解决问题和做出决定，而不再像小时候那样依赖父母。于是，青少年成为充满矛盾的个体——既要依赖父母，又希望摆脱父母的控制。这种矛盾心态可能使他们不知所措。同样，很多父母也很矛盾，既希望孩子独立，又很难彻底放手。如果家长用强制的方式对待孩子，不仅很难让孩子认同父母的观点，还可能因为难以监管导致孩子出现一些行为问题，也不利于培养孩子的独立性。

　　在温馨而民主的家庭中，亲子冲突从青春期早期到中期逐渐下降。而在敌对的、强制的、爱挑剔的家庭中，冲突则愈演愈烈。像洋洋的父母这样，他们营造鼓励孩子畅所欲言、充满温情、交流和谐的家庭氛围，孩子更愿意透露自己的信息，愿意和父母交流，愿意吸取来自父母的宝贵经验。

另外，如果父母认识并承认青少年有更大的自主性需求，并逐渐放松管制，青少年很可能获得适当的自主性、成就定向及其他良好适应。像洋洋的父母这样，为她提供选择，帮助她探索各种途径而做出自己的决定时，父母的教育方式是最有效的，孩子也会获得更好的发展。

家教指导

对于初中生而言，民主和谐的家庭氛围有助于培养独立、自主的下一代。建议父母从以下几方面做起。

1. 正视孩子的认知变化

孩子对父母的认知一直在发生变化。小时候，由于社会经验匮乏、阅历尚浅、能力薄弱，他们可能会对父母的话言听计从。但到了初中阶段，孩子积累了一定的社会经验，获得了更多的来自同龄伙伴的支持，尤其是在网络时代，他们可以从网络中获得更丰富的资源，因而不再盲从于父母的"教导"。如果此时父母仍然使用强制的方式，就容易激起孩子的逆反心理。即使父母说的是对的，孩子也会故意反驳。因此，面对初中的孩子，要正视他的变化，主动而平等地与孩子进行交流和沟通家庭事务，并让孩子参与其中，成为一个有责任感的人。

2. 坚持必要的原则与规范

民主并不是放纵，不是听任孩子为所欲为，而是以为人处世的普世原则为起点，以道德法规为约束，在合理合法的范围内去做决定。民主的家庭也有规范、有监督、有必要的约束。只有这样才能培养出有利于家庭成长、社会发展的、合格的家庭成员和国家公民。

3. 乐于聆听、善于沟通和积极协商

在民主型家庭里，父母一般不会先入为主地表达自己的观点。他们会耐心地倾听孩子的观点和想法，鼓励孩子畅所欲言。他们在亲子双方充分发表意见，比较全面地了解事情的来龙去脉后，和孩子一起分析事情的利弊以及由此带来的不同结果，然后共同做出决策。这种沟通方式也是对孩子待人处事能力的一种训练。

4. 多做"选择题"，少做"判断题"

往往做父母的都习惯如此：孩子提出问题，家长马上想办法，然后告诉孩子一个答案。这时候孩子面临的就是好或者不好、行或者不行、要或者不要的选择。然而，不明就里的选择题是最难做的。在生活中，孩子不仅要有判断力，还要学习解决问题的本领，而判断力背后有解决问题的能力支撑着。因此，家长不妨向洋洋的父母学习，平日里多和孩子一起做"选择题"，讨论事情的多个层面，寻找解决问题的多种途径，发现每一种途径所指向的结果，让孩子在开放式的探讨过程中做出适宜的决定，体验到自己做决定的掌控感，并学习如何负责任地思考和解决问题。

专题八
父母成长

孩子上中学后正式进入青春期，在这个由儿童向成人过渡的时期，孩子的身心发展迅速而又充满矛盾，他们要求人格独立、地位平等、行为自主，对一切外在强加的力量和父母的控制都会产生一定的排斥心理。如何与这一时期的孩子进行沟通，怎样与他们建立彼此信任和尊重的关系，对父母实在是一件颇具挑战的事情。

身为父母首先要意识到，孩子在这一时期需要从自己这里获取的帮助和支持已经大不相同，父母需要及时适应孩子的变化，改变自己的角色定位，从熟悉的"空中交通管制员"的角色，转变成一个"教练"的角色，帮助孩子自己去应对挑战，在行动中逐渐变得成熟自信。反抗，是

专题八　父母成长

这一时期孩子的天性，父母需要在理解孩子的基础上，大力提升自己的沟通水平，尽量避免与他们的正面冲突。很多家长自认为比孩子站得高看得远，要让孩子去走自己认为的最好的路，对孩子的未来，往往投射了父母自身的期望和需求。而每位父母对待孩子的方式，都不可避免地受到自己成长经历的影响。父母总是在不知不觉地以自己被对待的方式对待孩子。为此，父母需要重新审视自我的成长经历。

本专题围绕父母成长展开，选择做教练式家长、避免亲子冲突、审视自我成长、激励孩子立志等主题进行分析。同时，引导家长要关注孩子的发展，而不是只关注结果；尊重孩子的选择，适当给予孩子试错的机会；鼓励和支持孩子的选择等。当然，父母自己也要成长，要不断提高自己的政治觉悟、提升道德水平、树立正确的价值观。

一、做教练式家长

案　例

和许多初中生家庭一样，林飞一家也考虑到孩子上学的问题，在学校附近租了房子。家离学校很近，但要过一条马路。开学第一天，林飞的妈妈还是有些不放心，想送孩子上学。林飞拒绝妈妈送他，妈妈只好悄悄尾随孩子，结果还是被林飞发现了，弄得林飞很不高兴。晚上回家，林飞让妈妈第二天一定不要再送。妈妈照例问功课情况，林飞也不愿意多说。倒是给妈妈看了一张纸条，上面让选校服的尺寸，林飞的妈妈根据上面的尺寸规格，填了M号，交还给林飞，同时也告诉林飞应该选M号。过了几天，校服发下来，妈妈发现是XL号，不是孩子该穿的衣服码数，一问才知道，林飞的通知条弄丢了，因为好朋友安安身材高大，填的XXL，于是林飞也没问妈妈，自己又找老师要了一张表填了XL号上交了。第二天必须穿校服，妈妈赶紧和班主任老师联系，结果一时还不能换。没办法，妈妈只能先把裤腿卷起来缝缝，第二天林飞穿着大两号的校服去了学校。一穿就是好几天。后来妈妈联系了做校服的公司，重新交钱，几经折腾，才拿到了合适的M号。

　　妈妈抱怨林飞怎么能把通知条弄丢，怎么能随便填一个尺寸，多买一套既浪费钱，又折腾这么好几天。林飞一脸无所谓且振振有词："那天你给我放的，我怎么知道就没了呢，第二天老师让马上交上去，我怎么问你？""那你就不能和老师说一下吗？"母子俩没几句话就呛呛起来，孩子回到屋里把门一关，干脆不说话了。

解析

孩子进入中学后，身体、认知、情感以及社交范围等方面都会发生巨大的转变。家长与孩子之间，需要营造有一种全新的关系模式，才能适应孩子的成长。

孩子小的时候，由于他们弱小、稚嫩，在生活上需要依赖他人。在这一阶段，父母要全权安排孩子的生活，需要时刻保持警惕并深思熟虑，这时的父母就像"空中交通管制员"，如果不安排好各种线路，就会有人受伤。但是，随着孩子一天天长大，他们不再需要过多的保护和安排。就像案例中的林飞母子，对一个12岁的中学生来说，他完全可以独自过马路，妈妈需要做的是让他具有安全意识。而在买校服的时候，由于他对衣服尺寸大小还没有明晰的概念，就很随意地做出一个在母亲看来错误的行为。孩子一方面试图独立，不再想依赖成人；另一方面他们的心理还很幼稚，各种能力都还欠缺。此时如果还是用我们已经熟悉的套路去控制孩子，就会适得其反。

家教指导

作为父母，需要及时去适应孩子的变化，从熟悉的"空中交通管制员"的角色，转变成一个"教练"的角色，帮助孩子自己去应对挑战，并对孩子做得好的方面及时给予肯定和鼓励，同时，发现问题及时予以纠正，使他们能够自我管理和自我成长，逐渐变得自信，最终帮助他们实现自强自立。

1. 像教练一样，赛前排练，帮助孩子做好准备

表面上看，我们不再代办，放手让孩子自己去做，是在"向后退"。但这种后退，并不是真的不管。案例中，开学前林飞的妈妈应该做的，是观察周围是否有不安全因素，事先让孩子熟悉去学校的路线。开学后，让孩子自己走到学校就行了。总之，我们要转变成一个"教练"的角色，帮助孩子为提高各种技能做好准备。

2. 关注孩子的发展，而不是只关注比赛结果

对孩子微小的变化和进步家长应及时给予肯定，同时也要留意孩子各方面的不足，帮助孩子进行矫正或提升。家长可以像教练一样做到赛后回顾，比如，当校服大了两号的事情发生后，妈妈应及时和林飞一起讨论怎么处理这样的问题，在老师要求交尺寸通知回执的时候，先承认自己的错误，向老师道歉，并说明自己不清楚号码，能不能让家长晚上给老师发短信。孩子一时半会儿未必能做好，但一定要有这样的心态，帮助孩子纠正每一个错误"动

作",以便以后的"动作"越做越漂亮。

3. 与孩子先沟通,再进行改正

如果没有良好的沟通,不去分析、理解行为的原因,而直接纠正孩子的错误,初中生就很难接受。就像林飞的妈妈抱怨林飞不应该随便填一个尺寸,结果引起林飞的反感和对抗。父母不能像他们小时候一样直接去控制他们,而是在沟通中,让孩子慢慢领悟,并进行改进。父母要切记,在纠正孩子的错误之前,先和孩子建立可以互相交流联结的关系,然后再对孩子进行有效的引导。

4. 像教练一样,和孩子共同面对挑战

中学阶段,孩子可能会面对一些困难和失败,比如被同学欺负、考试成绩不理想,卷入社会上的一些小团伙等。这时,不需要代替孩子应对处理,而是要耐心地和孩子交谈。在这个过程中,请多使用"我们"这个词,比如问孩子:"从这件事我们学到了什么?""我们"意味着支持,表明不论好坏,我都和你站在一起,站在一个船甲板上,共同面对问题,而不是隔岸观火。

二、避免亲子冲突

案 例

离期末考试只有半个月的时间了，只要可可在家，父母就经常给她敲警钟，提醒她抓紧时间复习。一天，妈妈借着送水果的机会进入可可的房间。当她看到女儿在玩手机时，就埋怨可可作业都没写完，就开始玩手机。可是，可可却说自己是用手机查一点写作文的材料，还指责妈妈总是疑神疑鬼。妈妈就开始絮絮叨叨，说现在中考有多激烈，得努力才能考上重点高中。可可听了就嫌烦，让妈妈赶紧出去。妈妈摇头叹气地走出了房间。

可可小时候十分乖巧可爱，跟妈妈总是有说有笑，可自从上了初中，母女俩常常没说上几句话，言语就开始充满了火药味。可可现在每天放学回家都把自己关在房间里，说是做作业，可妈妈发现她做作业时总看手机，为此妈妈想了很多办法，比如，做作业时将手机交给妈妈保管，提前做完作业多奖励玩手机的时间，一周表现好可以周末去近郊游玩等。可是依然没有用，母女俩还是经常因为手机的使用发生冲突。

解析

初中阶段孩子进入青春期，生理和心理都在发生变化，独立意识逐渐增强。随着自我意识的发展，他们渴望自己的事情自己做主，少受干涉，他们有了自己隐秘的内心世界，有了一定的界限感，不再像小时候那样黏着大人。像案例中的可可，开始介意妈妈没有敲门就进房间，因为房间是自己的专属领地，父母试图窥探和监管，只会激起孩子的反感，拒父母于千里之外。而现在父母有越来越难管的感觉，主要还是由于时代发生了变化。过去主流的观点是，孩子就应该服从父母，即使青春期内心有万千激荡，"听从"也是主旋律。而现在，孩子更看重公平、平等，他们希望得到尊重，与父母也要讲平等。

美国脑科学和心理学领域专家的一系列研究表明，青少年不像成年人那样能理性地控制自己的情绪，因为大脑前额叶皮层（用来权衡轻重、分辨对错、做出判断、控制情感，帮助人们相互理解的大脑组成部分）的神经细胞要到二十多岁才能完全发育成熟，而跟情绪有关的脑后区很早就已经发育成熟了。当不成熟的大脑前额叶皮层在还没有能力理性地控制情绪的时候，产生情绪的大脑已发育成熟。当青春期来临时，孩子敏感、冲动、情绪波动，急于确证自我而又缺乏控制能力，与父母的冲突就不可避免地产生了。

随着孩子进入青春期，个体自我意识进入了迅速发展的阶段。他们对自己的言谈举止和内心世界有了越来越多的关注。与此同时，他们需要从父母那里得到的支持也发生了很大的改变。他们需要选择权，需要独立做出决定。他们开始用批判的眼光看待父母的言行，不愿意被动接受父母的干预和指导。此时，如果父母还像以前对待小孩子一样事无巨细地进行告诫，他们会深感束缚。并不是所有孩子到了青春期都会出现逆反行为的，只有当他们觉得自己的行为受限、遭到打压时才开始出现逆反，而且往往会一发不可收拾。

此外，初中生面临着较大的升学压力，但他们对学习的投入和自觉程度往往不能达到父母期待的程度。于是父母总忍不住要管教孩子，而且大部分父母跟孩子沟通时三句话不离学习，让冲突不断加剧。

家教指导

初中生的家长要有一定的心理预期，知道孩子正处于青春期，不再像以前一样什么都听从父母的安排了，自己和孩子的沟通方式要适时进行调整，才能避免和孩子经常发生冲突。

1. 理解孩子的变化，及时调整自己与孩子说话的态度，注重平等相待

青春期的孩子要发展自主性，他们已经不仅仅满足于被爱、被保护，更渴求得到尊重和理解。父母应该看到孩子的变化，要民主、平等地和他们对话，凡事也多听听孩子的想法，尊重孩子的意见。

2. 要让孩子感到自由，可以自主安排和选择

孩子面临各种困难棘手事情的时候，需要自己去思考和解决。父母只是给他陪伴和建议，并且注意不要唠叨。如果孩子觉得建议合理，孩子会对父母的建议进行思考。父母说一遍就足够了，如果说好几遍，就带有一种强制倾向，容易引起孩子的反感。

3. 和孩子沟通时，尽量少带情绪，不做评判，心平气和地、正面地表达观点

比如说，孩子不愿意做家务，父母不要总是抱怨。吃完饭可以给孩子分配一点家务活，告诉孩子，这样妈妈就不会那么受累。而不是批评孩子不做家务，不知道体谅父母，等等。

4. 做父母的需要"少说多听"和"少说多做"

青春期的孩子善于发现父母说话中的漏洞，一点点表述上的漏洞，他们都会抓住不放，常常还觉得自己受了冤枉。当孩子主动跟父母沟通时，一定要认真聆听，迫不及待的指导只会适得其反。一旦孩子产生逆反心理，想再沟通就不容易了。语言上的指导往往让孩子反感，但是行动上为孩子做一些事情却往往是一种更好的引导。

三、审视自我成长

案 例

文燕是个活泼可爱的姑娘，各门功课也很不错，属于那种"别人家的孩子"。但是，上中学后，在一次期末考试中，文燕数学考砸了。妈妈看到她的数学成绩，叹了口气说："哎，你其他成绩都不错，可就是数学太差了。你怎么和妈妈一样，也是上初中后数学成绩就开始慢慢下滑，可能女孩子对数学的理解就是要困难一些，下次努努力，别让数学拉分太厉害。"后来，只要文燕做数学题又遇上困难，妈妈就会说，看来女孩子在数学上就是要差

专题八 父母成长

一些。

原来,妈妈上中学数学成绩有一点下滑的时候,就被父母认定女孩进入中学后学习数学就是会越来越吃力的,加之遇上的数学老师也经常流露出女孩一般都学不好数学的态度,妈妈当初对数学的态度一直是恐惧加应付。

这种心理暗示导致文燕对数学学习逐渐失去了信心,数学考试时也总比考其他科目都感到紧张,越紧张越考不好。后来,文燕的数学成绩总是掉队,而父母似乎也已经默认,这孩子就是数学不行,逼她也没用,花再多时间可能还是那样。

所幸文燕在高二的时候,得到一个新来的数学老师的鼓励,经过自己的不懈努力,在高三时数学成绩变得十分优秀。

解 析

作为父母,我们对待孩子的方式,可能会受到自己童年经历的影响。许多人在童年时代都难免受过一些心理上的伤害,随着岁月流逝,有些伤害始终深藏于心底,平时也不会意识到。然而,当我们自己成为父母以后,这些伤害会影响我们养育孩子的方式。孩子会触发我们童年的糟糕记忆,使我们不自觉地回到当初父母教育自己的"老路子"上。比如，你或许常常会发现，尽管你并不喜欢当初母亲对待你的方式，但是当遇上同样的问题，面对自己的孩子，你说出来的话却很可能就是当初母亲话语的翻版，而同样的伤害，也一样传递给了你的孩子。

上述案例中的母亲，看到女儿的数学成绩下滑，马上想到了当年的自己。这位母亲小时候学数学遇到困难时，也遇到过自己父母或其他人说"女孩子就是数学差一点"，当发现孩子数学成绩下滑后，马上将其归因于"女孩子就是天生学不好数学"，这个在母亲心中已经固化的观念，传递给孩子的信息无疑是"你不必努力去学数学，努力了也学不好"。这种暗示非常可怕：女孩子学不好数学，妈妈学不好数学，我应该也很难学好数学。在这种暗示下，文燕可能从一次偶然的数学考试发挥不佳，逐渐变成对学习数学完全失去兴趣和信心。只要再次出现数学成绩不理想的时候，文燕马上就会把成绩不好归结于"我天生就学不好数学"，这样自然会导致数学成绩的下降。

家教指导

每个人之所以成为现在的自己，总是和童年的经历有关。我们总是在不知不觉中，模仿父母对待我们的方式去对待孩子。显然，我们应该模仿那些对我们有益的地方，而不能让当初伤害过我们的言行，今天又同样对我们的孩子造成伤害。为此，我们需要重新审视自我的成长经历。

1. 回顾自己童年中受到深刻影响的经历

通过回溯自己的成长经历，父母要努力找出当初哪些深刻影响了自己的言行，看看自己是如何被塑造和改变的，人生路上自己的选择或决定，与童年时受到的影响有什么样的关联？当时自己的感觉是什么？为何做出反抗或者顺从的决定？厘清这些问题，能为父母进一步理解自己的孩子打下良好的基础。

2. 在分析自身长经历的过程中反思亲子日常对话

亲子日常对话中，存在一些不经意间的话语伤害。父母可以回忆自己是否遇到过类似的语言打击，反过来再考虑那些脱口而出的话语是否妥当，那些打击孩子的话是不是不该说，会不会像当初的自己一样，因为父母的某些话，大大消减了自己的兴趣和探索欲望。

3. 尊重孩子的独特性，设置合理的期望

每个人都是独特的，我们和孩子是完全不同的个体。此外，我们生活在有较大差异的时代和环境中，对价值观和生活规则有不同的看法也是很正常的。父母要在尊重、承认孩子独特性的基础上，审视自己对孩子的期望，反思自己的世界观是不是真的适用于孩子。如果父母想当然地认为自己的生活方式是最正确的，没有必要反思自己的世界观，就会驱使孩子进入父母的世界。悲哀的是，当孩子在父母的专断下就范，听从父母的说教时，父母却感到自己是最尽责的。因此，尊重孩子，并设置合理的期望，这是每一位家长都该注意和警觉的问题。

四、激励孩子立志

案 例

晚餐期间，爸爸随意聊起亲戚家的孩子："你表姐今年考上了医科大学。咱们家已经出了好几个医生了，你将来要不要也学医啊？医生待遇不错，工作又稳定。将来家里也能帮衬一下。""爸，我对学医没兴趣，我想学画画……"孩子低着头，小声回答道。爸爸有点不耐烦，打断她："跟你说了好多遍了，你怎么听不进去呢？画画能挣几个钱，收入还不稳定。再说你又没什么绘画天赋，咱家也没见谁有绘画天赋的，这路你走不下去。"妈妈在一旁帮腔："我以前的一个同学，他就特别喜欢画画，最后也是去学了艺术,但是听说混得不怎么样。跟你爷爷和叔叔、表姐一样去学医多好!"爸爸说:"就是,我小时候也是不想学医,你爷爷就这么说过我,我没听,结果现在觉得老爷子的话是对的,当时就应该去学医的。"孩子不说话了,吃完饭就回房并关上了门。

解 析

对于孩子将来该选择什么样的专业,很多父母认为自己的社会阅历比孩子丰富得多,因此,自己比孩子更知道选择什么样的专业方向,将来更能适应社会,找到更好的工作,而孩子自身的兴趣和意愿则往往遭到忽视。父母强加给孩子的期望,多数情况下是自己没有被满足的需求、没有达成的愿望、没有实现的梦想,并不是孩子自己所向往的。在孩子遇到问题和需要做出选择时,父母习惯于根据自身的经历和体会,去做出判断和决策,去要求和指导孩子。父母会持有自己的想法、信念和价值观,并希望在孩子身上得到实现。即使拥有最善意的动机,许多家长仍旧会在不经意间将自己的想法强加在孩子身上。

到了初中阶段,应该由孩子自己规划人生的方向。他们的人生方向,应该满足他们自身的愿望和需要,而不是去满足父母的期望与需要。父母必须认识到,孩子并非自己的所有物,更不是"迷你版"的自己。他们是独立的人,有着与父母截然不同的感受、体验与梦想。父母需要审视自身对孩子的期望是否合理,同时也需要反思:我们对孩子未来的规划,是否一定就是合理的呢?即便我们的规划很合理,而孩子不愿意选择,那么,我们是否有勇气放手,让孩子去试错、去探索,从而走出自己的人生道路呢?还是我们只是想当然地认为自己是最正确的,然后就持续驱使着孩子进入我们的世界,而让他们错过自己的世界呢?说到底,我们对孩子的教育和引导,并不是为了复制出一个我们自己,而是要去帮助孩子发现他们自己,勇敢地去实现自己的人生。

总之,当孩子有了自己的人生理想,我们首先要多鼓励,然后和孩子一起分析,这个人生理想是否适合自己,该如何去实现这个人生理想。

家教指导

孩子进入初中阶段,需要充分表达自己的思想、张扬自我的力量。同时,这个年龄段的孩子,思维能力也进一步成熟,理解社会的能力也进一步增强了。从这一时期开始,父母最重要的任务,是帮助孩子发现自己的内在渴望,激励孩子自我立志。

1. 尊重孩子的选择，给予孩子试错的机会

如果孩子已经有了相对明确的理想，正如案例中那个有着画画梦的孩子一样，父母首先要给予充分的尊重。尽管这个阶段孩子初步立下的志向未必就真的会坚持一生，也未必是成熟的想法和选择，但只有在父母的尊重、信任和放手的前提下，孩子才有空间去试错、去经受必要的挫折、去切身体验生活。在这个过程中，孩子才能一步步去探索和调整，进一步明确自己究竟想做什么，能做什么，才能真正发现自己。

2. 开阔孩子视野，帮助孩子自己去做选择

如果孩子还没有明晰的志向和意愿，那么父母就需要给予鼓励、引导和帮助。在日常的相处过程中，父母可以适当地引入关于各种行业、领域的讨论，甚至可以把不同行业和领域的朋友介绍给孩子认识，帮助孩子开阔视野。但在介绍这些行业和领域的过程中，父母一定要做到客观中立，不要过多带入自己的主观认识，让孩子了解到各种行业和领域自有其社会价值，尽量让孩子去做出自己的判断。

3. 鼓励和支持孩子的选择

父母平时要从孩子的言谈举止中留意孩子的兴趣点，

再根据不同的兴趣点，为孩子提供相关书籍、视频等资料，激发孩子的兴趣和潜质。允许和鼓励孩子沿着不同的方向去尝试和探索，相信孩子有能力一步步找寻到属于自己的理想。父母的鼓励和尊重，让孩子确信自己的意愿和想法能从父母这里得到支持而不是阻碍和打击，这将是他们走向独立、展翅高飞的人生旅途中所能获得的最宝贵的力量。

附录1

家长家庭教育基本行为规范*

第一条 依法履行对未成年子女的监护职责，承担家庭教育主体责任，坚持立德树人，树牢"家庭是人生的第一个课堂，父母是孩子的第一任老师"理念。

第二条 注重家庭、注重家教、注重家风，构建平等民主和谐的家庭关系，营造相亲相爱的家庭氛围，弘扬向上向善的家庭美德，为子女健康成长创造良好家庭环境。

第三条 保护子女合法权利，尊重子女独立人格，注重倾听子女诉求和意见，不溺爱，不偏爱，杜绝任何形式的家庭暴力，根据子女年龄特征和个性特点实施家庭教育。

第四条 注重子女品德教育，引导子女爱党、爱国、爱人民、爱社会主义，形成尊老爱幼、明礼诚信、友善助

---

* 全国妇联、教育部于2020年8月24日印发。

人等良好道德品质，遵守社会公德，增强法律意识和社会责任感，养成好思想、好品行、好习惯。

第五条 教育引导子女养成良好学习习惯，提升自主学习能力，保护子女的好奇心和学习兴趣，理性帮助子女确定成长目标，不盲目攀比，不增加子女过重课外负担，用德智体美劳全面发展的眼光评价子女。

第六条 促进子女身心健康发展，保证子女营养均衡，科学运动，睡眠充足，身心愉悦，帮助子女形成阳光心态、磨炼坚强意志、锻炼强健体魄，保持良好生活习惯，有针对性进行性健康和青春期教育，增强孩子自我保护的意识和能力。

第七条 培养子女健康的审美情趣和审美能力，引导和鼓励子女亲近大自然，参加社会实践和公益活动，善于发现美、欣赏美、创造美，陶冶高尚情操，提升文明素质。

第八条 教育引导子女树立正确的劳动观念，参加力所能及的劳动，在出力流汗中体会劳动创造美好生活，提高生活自理能力，养成良好劳动习惯。

第九条 注重自身言行，在日常生活中做到爱岗敬业，诚信友善，孝老爱亲，遵纪守法，为子女树立良好的榜样，与子女共同成长进步。

第十条 积极参与家校合作和社区活动,尊重教师和社区工作者,理性表达合理诉求,用好各类教育资源,在家庭、学校、社会协同育人中发挥作用。

附录2

全国家庭教育指导大纲(修订)[*]

为深入贯彻习近平总书记关于家庭教育的重要指示精神,落实全国教育大会精神,按照新时代党和政府对家庭教育以及未成年人思想道德建设工作的部署和要求,进一步深化家庭教育指导服务,提高全国家庭教育总体水平,促进儿童全面健康成长,依据《中华人民共和国宪法》及《中华人民共和国未成年人保护法》等相关法律法规,修订《全国家庭教育指导大纲》(以下简称《大纲》)。

一、适用范围

《大纲》适用于各级各类家庭教育指导机构、相关职能部门、社会团体、宣传媒体和家庭教育指导者,对新婚

---

[*] 全国妇联、教育部、中央文明办、民政部、文化和旅游部、国家卫生健康委员会、国家广播电视总局、中国科学技术协会、中国关心下一代工作委员会于2019年5月14日联合印发。

夫妇、孕妇、18岁以下儿童家长（父母或其他监护人）开展的家庭教育指导服务行为。

二、指导原则

家庭教育指导是指相关机构和人员为提高家长教育子女能力而提供的专业性支持服务和引导。家庭教育指导工作应坚持以下基本原则。

1. 思想性原则。遵循党的教育方针，以促进儿童全面健康成长为目标，以立德树人为根本任务，通过实施科学的家庭教育指导，推进家庭教育在培养德智体美劳全面发展的社会主义建设者和接班人中发挥重要基础作用。

2. 科学性原则。遵循家庭教育规律，为家长提供科学化、专业化、规范化的指导服务，家庭教育指导机构和指导者应具备相应的专业资质和能力。

3. 儿童为本原则。尊重儿童身心发展规律和个体差异，创设适合儿童成长的必要条件，保护儿童各项权利，促进儿童自然、全面、充分、个性发展。

4. 家长主体原则。确立为家长服务、提供支持的观念，尊重家长意愿，坚持需求导向，调动家长参与的积极性；引导家长注重提升自身素质，注重家庭建设和良好家风传承，促进亲子互动共同提高。

三、核心理念

1. 家庭教育是学校教育和社会教育的基础。家庭是人生的第一所学校，家长是孩子的第一任老师，家庭生活中父母对儿童的教育和影响，对其良好行为习惯、思想品德、价值观的形成，健全人格培养等都具有基础性作用。

2. 家庭教育重在教孩子如何做人。家庭教育要从养成良好习惯开始，逐步培育儿童正确的价值观，培养儿童热爱党、热爱祖国、热爱人民、热爱中华民族，明礼诚信、勤奋自立、友善助人、孝亲敬老等良好思想品德，增强儿童法律意识和社会责任感，使儿童养成好思想、好品德、好习惯、好人格，培养儿童与他人、与社会、与自然和谐相处的能力。

3. 家长是家庭教育的责任主体。家长在家庭教育中负有主体责任，要依法依规履行对子女的监护职责和抚养教育义务，了解监护人法定权利和义务，学习家庭教育知识，掌握家庭教育理念和方法，提升科学实施家庭教育的能力。

4. 家庭教育是家长和儿童共同成长的过程。家长素质是影响家庭教育的重要因素，家长应当努力做到举止文明、情趣健康、敬业进取、言行一致、好学善思，自觉践行社会主义核心价值观，以健康的思想、良好的品行教育影响儿童。

5. 家庭建设是家庭教育的重要保障。家庭要倡导尊老爱幼、夫妻和睦、勤俭持家、亲子平等、邻里团结的家庭美德，创建民主、文明、和睦、稳定的家庭关系。家庭成员要共同构建优秀家庭文化、传承良好家风，为儿童健康成长营造和谐的家庭环境。家长要学会优化家庭生活，为儿童提供健康向上、丰富多彩的活动。

6. 尊重儿童成长规律是家庭教育的前提。儿童期是人生的重要阶段，有其发展规律，家长在实施家庭教育时不能违背儿童成长规律。儿童成长既有共性也有个性，家庭教育要依据儿童成长特点，采取科学的教养方式。

7. 尊重和保护儿童权利是家庭教育的基础。儿童是独立的权利主体，有生命权、健康权和获得基本生活保障的权利，有充分发展其全部体能与智能的权利；有享有国家、社会、学校、家庭保护，不受歧视、虐待和忽视的权利；有参与家庭和社会生活并就影响他们生活的事项发表意见的权利，实施家庭教育要尊重和保护儿童的各项权利。

8. 家庭、学校、社会是促进儿童健康成长的共同体。家长要认识到家校社协同育人的重要意义，主动参与家校社协同教育，尊重教师，理性表达诉求，积极沟通合作，保持开放心态，引导儿童正确认识各种现象，科学合理利用各种教育资源，促进儿童健康成长。

四、分阶段指导内容及要求

儿童发展既有连续性又有阶段性，家庭教育指导服务应依据儿童在不同发展阶段的特点开展。

（一）新婚期及孕期的家庭教育指导要点

1. 做好怀孕准备。鼓励备孕夫妇学习优生优育优教的基本知识，并为新生命的诞生做好思想上、物质上的准备。引导备孕夫妇参加健康教育、健康检查、风险评估、咨询指导等专项服务。对于不孕不育者，引导其科学诊断、对症治疗，并给予心理辅导。

2. 注重孕期保健。指导孕妇掌握优生优育知识，配合医院进行孕期筛查和产前诊断，做到早发现、早干预；避免烟酒、农药、化肥、辐射等化学物理致畸因素，预防病毒、寄生虫等生物致畸因素的影响；科学增加营养，合理作息，适度运动，进行心理调适，促进胎儿健康发育。对于大龄孕妇、有致畸因素接触史的孕妇、怀孕后有疾病的孕妇以及具有其他不利优生因素的孕妇，督促其做好产前医学健康咨询及诊断。

3. 提倡自然分娩。指导孕妇认识自然分娩的益处，科学选择分娩方式；认真做好产前医学检查，并协助舒缓临盆孕妇的焦虑心理。帮助产妇做好情绪调节，预防和妥善应对产后抑郁。

4. 做好育儿准备。指导准家长学习育儿基本知识和方法，购置新生儿生活必备用品和保障母婴健康的基本用品；做好已有子女对新生子女的接纳工作；妥善处理好生育、抚养与家庭生活、职业发展的关系；统一家庭教育观念，营造安全、温馨的家庭环境。

（二）0—3岁儿童的家庭教育指导

1. 0—3岁儿童的身心发展特点

这是儿童身心发展最快的时期。儿童的身高和体重迅速增长，神经系统结构发展迅速；感知觉飞速发展；遵循由头至脚、由大动作至小动作的发展原则，逐步掌握人类行为的基本动作；语言能力迅速发展；表现出一定的交往倾向，乐于探索周围世界；对家长有强烈依赖感；道德发展处于前道德期。

2. 家庭教育指导内容要点

（1）提倡母乳喂养。指导乳母加强乳房保健，在产后尽早用正确的方法哺乳；在睡眠、情绪和健康等方面保持良好状态，科学饮食，增加营养；在母乳不充分的阶段采取科学的混合喂养，适时添加辅食。

（2）鼓励主动学习儿童日常养育和照料的科学知识与方法。引导家长让儿童多看、多听、多运动、多抚触，带领儿童开展适当的运动、游戏，增强儿童体质。指导家长按时为儿童预防接种，培养儿童健康的卫生习惯，注意科学的饮食调配；配合医疗部门完成相关疾病筛查，做好儿童生长发育监测，学会观察儿童，及时发现儿童发展中的异常表现，及早进行干预；学会了解儿童常见病的发病征兆及应对方法，掌握病后护理常识；了解儿童成长的特点和表现，学会倾听、分辨和理解儿童的多种表达方式。

（3）制订生活规则。指导家长了解儿童成长规律及特点，并据此制订日常生活规则，按照规则指导儿童的行为；采用鼓励、表扬等正面教育为主的方法，培养儿童健康生活方式。

（4）丰富儿童感知经验。指导家长创设儿童充分活动的空间与条件，充分利用日常生活环境中的真实物品和现象，让儿童在爬行、观察、听闻、触摸等活动过程中获得各种感知经验，促进感官发展。

（5）关注儿童需求。指导家长为儿童提供抓握、把玩、涂鸦、拆卸等活动的机会、工具和材料，用多种形式发展儿童的小肌肉精细动作和大肌肉活动能力；分享儿童的快乐，满足儿童好奇、好玩的认知需要，激发儿童想象力和好奇心。

（6）提供言语示范。指导家长为儿童创设宽松愉快的语言交往环境，通过表情、肢体、语言等多种方式与儿童交流；提高自身语言表达素养，为儿童提供良好的言语示范；为儿童的语言学习提供丰富的机会，运用多种方法鼓励儿童表达；积极回应儿童，鼓励儿童之间的模仿和交流。

（7）提高安全意识。提高家长有效看护意识和技能，指导家长消除居室和周边环境中的危险性因素，防止儿童意外伤害发生。

（8）加强亲子陪伴。指导家长认识到陪伴对于儿童成长的重要性，学会建立良好的亲子依恋关系，不用电子产品代替家长陪伴儿童，多与儿童一起进行亲子阅读；学习亲子沟通的技巧，与儿童建立开放的沟通模式；关注、尊重、理解儿童的情绪，合理对待儿童过度情绪化行为，有针对性地实施适合儿童个性的教养策略，培育儿童良好情绪；处理好多子女家庭的亲子关系、子女间的关系，让每个儿童都得到健康发展。

（9）重视发挥家庭各成员角色的作用。指导家长积极发挥父亲在家庭教育中的作用；了解父辈祖辈联合教养的正面价值，适度发挥祖辈参与的作用；引导祖辈树立正确的教养理念。

（10）做好入园准备。指导家长认识儿童社会性发展的重要性，珍视幼儿园教育的价值。入园前，指导家长有意识地培养儿童一定的生活自理能力及对简单规则的理解能力；入园后，指导家长与幼儿园教师积极沟通，共同帮助儿童适应入托环境，平稳度过入园分离焦虑期。

（三）3—6岁儿童的家庭教育指导

1. 3—6岁儿童的身心发展特点

这是儿童身心快速发展的时期。儿童的身高和体重稳步增长，大脑、神经、动作技能等获得长足的进步；自我独立意识增强，开始表现出一定兴趣、爱好、脾气等个性倾向；初步具备自我情绪调节能力；愿意与同伴交往，乐于分享；学习能力开始发展，语言表达能力强；依恋家长，会产生分离焦虑；处于道德他律期，独立性、延迟满足能力、自信心都有所发展。

2. 家庭教育指导内容要点

（1）积极带领儿童感知家乡与祖国的美好。指导家长通过和儿童一起外出游玩、观看影视文化作品等多种形式，了解有关家乡、祖国各地的风景名胜、著名建筑、独特物产等；适时向儿童介绍国旗、国歌、国徽的含义，带领儿童观看升国旗、奏国歌等仪式，培育儿童对家乡和祖国的朴素情感。

（2）引导儿童关心、尊重他人，学会交往。指导家长培养儿童尊重长辈、关心同伴的美德；关注儿童日常交往行为，对儿童的交往态度、行为及时提供帮助和辅导；结合实际情境，帮助儿童理解他人的情绪，了解他人的需要，做出适当的回应；引导儿童学会接纳差异，关注他人的感受；培养儿童多方面的兴趣、爱好和特长，增强儿童与人交往的自信心；经常带儿童接触不同的人际环境，为儿童创造交往机会，帮助儿童学会与同伴相处。

（3）培养儿童规则意识，增强社会适应性。指导家长结合儿童生活实际，为儿童制订日常生活规范、游戏规范、交往规范，遵守家庭基本礼仪；要求儿童完成力所能及的任务，培养责任感和认真负责的态度；有意识地带儿童走出家庭，接触丰富的社会环境，提高社会适应性；在儿童遇到困难时以鼓励、疏导的方式给予必要的帮助与支持。

（4）加强儿童营养保健和体育锻炼。指导家长积极带领儿童开展体育活动；根据儿童的个人特点，寻找科学合理又能被儿童接受的膳食方式；科学搭配儿童饮食，做到营养均衡、比例适当、饮食定量、调配得当；科学管理儿童的体重，学习关于儿童营养的科学知识；与儿童一起制订合理的家庭生活作息制度，培养儿童良好的生活和卫生习惯；定期带儿童做健康检查。

（5）丰富儿童感性经验。指导家长重视生活的教育价值，为儿童创设丰富的教育环境，带领儿童关心周围事物及现象，多开展接触大自然的户外活动，参观科技馆、博物馆、美术馆等，开阔儿童的眼界，丰富儿童的感性经验；尊重和保护儿童的好奇心和学习兴趣，支持和满足儿童通过直接感知、实际操作和亲身体验获取经验的需要，避免开展超出儿童认知能力的超前教育和强化训练。

（6）提高安全意识。指导家长尽可能消除居室和周边环境中的危险性因素；结合儿童的生活和学习，在共同参与的过程中对儿童实施安全教育；重视儿童的体能素质，提高其自我保护能力，减少儿童伤害。

（7）培养儿童生活自理能力和劳动意识。指导家长鼓励儿童做力所能及的事情，学习和掌握基本的生活自理方法，参与简单的家务劳动，在生活点滴中启发儿童的劳动意识，保护儿童的劳动兴趣。

（8）科学做好入学准备。指导家长重视儿童幼儿园与小学过渡期的衔接适应，充分尊重和保护儿童的好奇心和学习兴趣，帮助儿童形成良好的任务意识、规则意识、时间观念，学会控制情绪，能正确表达自己的主张，逐步培育儿童通过沟通解决同伴问题的意识和能力；坚决抵制和摒弃让儿童提前学习小学课程和教育内容的错误倾向。

（四）6—12岁儿童的家庭教育指导

1. 6—12岁儿童的身心发展特点

这一阶段儿童的生理发展处在相对平稳、均衡的时期，入学学习是儿童生活中的一个重大转折。儿童的身高和体重加速发展；大脑仍在持续快速发展，以具体思维为主，逐步向抽象思维过渡；情绪总体稳定，偶有较大波动；个人气质更加明显；能逐步客观进行自我评价，注重权威评价；社会交往能力增强，开始有较为稳定的同伴关系；学习能力逐步提高，学习策略逐步完善；自理能力增强。

2. 家庭教育指导内容要点

（1）培养儿童朴素的爱国情感。指导家长重视优秀传统文化的价值，了解家乡特色习俗和中华民族的共同习俗,过好中国传统节日和现代公共节日;开展家国情怀教育,多给儿童讲述仁人志士的故事、中华民族传统美德、国家发展的成就等;指导儿童写好中国字,说好中国话;初步了解优秀传统文化的内涵,培养儿童作为中华民族一员的归属感和自豪感。

(2)提升儿童道德修养。指导家长提升自身道德修养,处处为儿童做表率,结合身边的道德榜样和通俗易懂的道德故事,培养儿童良好的道德行为习惯;创设健康向上的家庭氛围;与学校、社会形成合力,净化家庭和社会文化环境;从大处着眼,从小事入手,及时抓住日常生活事件教育儿童孝敬长辈、尊敬老师,学会感恩、帮助他人,诚实为人、诚信做事。

(3)培养儿童珍惜生命、尊重自然的意识。指导家长将生命教育纳入生活实践中,带领儿童认识自然界的生命现象,帮助儿童建立热爱生命、珍惜生命、呵护生命的意识;抓住日常生活事件,增长儿童居家出行的自我保护意识及基本的自救知识与技能;引导儿童树立尊重自然、顺应自然、保护自然的发展理念,养成勤俭节约、低碳环保的生活习惯。

(4)培养儿童良好的学习习惯。指导家长注重儿童学习兴趣的培养，保护和开发儿童的好奇心，鼓励儿童的探索行为；引导儿童形成按时独立完成任务、及时总结、不懂善问的习惯，成为学习的主人；正确对待儿童的学习成绩，设置合理期望，不盲目攀比；用全面和发展的眼光看待、评价儿童，增强儿童学习信心。

（5）培养儿童健康的生活习惯。指导家长科学安排儿童的饮食，引导儿童养成健康的饮食习惯；培养儿童关注个人卫生和环境卫生，养成良好的卫生习惯；培养儿童良好作息习惯，保证儿童睡眠充足，每日睡足10小时；为儿童提供良好的学习环境，注意用眼卫生并定期检查视力；养成科学用耳习惯，控制耳机等娱乐性噪声接触，定期检查听力；引导并督促儿童坚持开展体育锻炼，培养一两项能够终身受益的体育爱好；配合卫生部门定期做好儿童健康监测。

（6）培养儿童的劳动习惯。指导家长正确认识劳动对儿童成长的价值；坚持从细微处入手，提高儿童的生活自理能力，养成生活自理的习惯；给儿童创造劳动的机会，教授儿童一定的劳动技能，培养劳动热情，树立劳动创造价值的观念；根据儿童的年龄特征、性别差异、身体状况等特点，安排适度的劳动内容、时间和强度，做好劳动保护；让儿童了解家庭收支状况，适度参与家庭财务预算，视家庭经济状况和儿童的年龄给适量的零用钱，引导儿童合理支配零用钱，形成正确的消费意识。

（7）积极参与家校社协同教育。指导家长主动与学校沟通联系，了解儿童在学校的学习、生活情况，与学校共同完成相应的教育活动，提高儿童的学习效果；参与学校的家长委员会、家长学校、家长会活动以及亲子活动等，自觉接受家庭教育指导；积极参与学校管理，主动根据需要联系社会资源，与学校共创良好育人环境。

（五）12—15岁儿童的家庭教育指导

1. 12—15岁儿童的身心发展特点

这是儿童从童年向成年的过渡期。儿童的生殖器官逐步发育，出现性冲动和性好奇；整体身体素质好；大脑发展迅速，抽象思维能力增强，记忆和观察水平不断提高；自尊心强，重视外表，建立自我同一性成为本阶段儿童最重要的任务；情绪波动大，敏感易怒，容易有挫折感，情感内隐；易和家长产生冲突；重视同伴交往及其评价，对父母依恋减少；责任心增强，自我控制能力有明显发展。

2. 家庭教育指导内容要点

（1）重视价值观教育。指导家长理解、践行社会主义核心价值观，以身作则，为儿童树立榜样；结合发生在家庭、学校和社会的事件开展价值观教育，培育儿童正确的思想观念和价值取向；通过儿童喜闻乐见的方式，讲好中国故事，用爱国主义激发儿童的梦想，让儿童能够结合自己的现实和未来，自觉践行爱国、敬业、诚信、友善等价值准则；让儿童学习正确认识与分析问题，分辨是非。

（2）重视儿童青春期人格发展。指导家长认识青春期儿童发展特征，不断调整教养方式；帮助儿童悦纳自我；尊重儿童自主意愿，鼓励儿童独立思考与理性表达；培养儿童应对挫折适应环境的能力和坚毅品格；引导儿童以合理的方式宣泄情绪，积极调控心理，自主自助，预防和克服各种可能产生的青春期心理障碍；正确对待儿童"叛逆"行为。

（3）增强儿童学习动力。指导家长帮助儿童树立正确的学习目标，将学习的外在动力转化为内在动力；培养儿童勤奋学习、持续学习的意志力；重视儿童学习方法和学习习惯的养成，帮助儿童形成制订合理的学习计划的能力；指导儿童正确应对学习压力，克服考试焦虑，在儿童考试受挫时鼓励儿童。

（4）提高儿童信息素养。指导家长正确认识媒介对儿童的影响，掌握必要的信息知识与方法；了解儿童使用各种媒介的情况，培养儿童对信息的是非辨别能力和加工能力；鼓励儿童在使用网络等媒介的过程中学会自我保护、自我尊重、自我发展；丰富儿童生活，规范上网行为，预防网络依赖；了解网络沉溺标准，能够在专业机构和人员的帮助下，指导儿童戒除网络沉溺行为。

（5）对儿童进行性教育。指导家长充分了解青春期生理卫生知识，对儿童开展适时、适度的性教育，让儿童了解必要的青春期知识，认识并适应身体的生理变化；开展科学的性心理辅导，对儿童进行与异性交往的指导；加强对儿童的性道德教育，帮助儿童认识到对性健康和生殖健康应当采取负责任的态度和行为。

（6）构建良好的亲子关系。指导家长与儿童平等相处，理解儿童自主愿望，保护儿童隐私权；学会倾听儿童的意见和感受，学会尊重、欣赏、认同和分享儿童的想法；学会运用民主、宽容的语言和态度对待儿童，促进良性亲子沟通。

（7）重视生涯规划指导。指导家长正确认识自己的孩子，帮助儿童客观认识自我，勇于面对现实，保持信心；支持儿童参与志愿服务、研学等社会实践活动，协同学校合理安排儿童进行一定的农业生产、工业体验、服务业实习等劳动实践,引导儿童加深对各种职业的了解;协助儿童综合分析学业水平、兴趣爱好,并根据个性特征合理规划未来;宽容对待儿童在做自我选择时与家长的分歧。

(六)15—18岁儿童的家庭教育指导要点

1. 15—18岁儿童的身心发展特点

这一阶段的儿童已经进入青春中后期。儿童在外貌上与成人接近,身体各器官逐步发育成熟,发育进入相对稳定期;认知结构的完整体系基本形成,抽象逻辑思维占据优势地位;情绪不稳定,情感内隐,易感到孤独;重视同性和异性的友谊,并可能萌发爱慕感情;自制力和意志力增强但仍不成熟;独立性强,有决断力;观察力、联想能力迅速发展。

2. 家庭教育指导内容要点

(1)引导儿童树立国家意识。指导家长引导儿童树立国家意识,增强儿童的公民意识和社会责任感,关注社会发展,将个人理想与国家需要相结合,认识国家前途、命运与个人价值实现的统一关系,学会将个人理想与国家的发展、现实的奋斗相结合。

(2)培养儿童法治观念。指导家长加强法律知识学习，正确理解自由、平等、公正、法治的内在含义及其要求，成为儿童尊法、学法、守法、用法的榜样；掌握家庭法治教育的内容和方法，引导儿童树立权利与义务相统一的观念，养成尊法守法的行为习惯，学会在法律和规则框架内实现个人的自由意志；与儿童建立民主、平等的关系，切实维护儿童权益。

（3）提高儿童交往合作能力。指导家长根据该年龄段儿童个性特点，引导儿童积极开展社交活动和正常的异性交往；以性道德、性责任、性健康、预防和拒绝不安全性行为为重点，开展性教育；对有恋爱行为的儿童，给予正确引导；鼓励儿童在集体生活中锻炼自己，学会与人相处，体验与人合作的快乐；帮助儿童学会宽容待人，正确对待友谊；了解校园欺凌行为的性质、特点及家校合作的基本处理方法。

（4）培养儿童的责任意识。指导家长通过召开家庭会议等形式，与儿童平等、开放地讨论家庭事务，共同分担家庭的责任和义务，培养儿童的家庭责任感；引导儿童树立社会责任感，正确处理个人与自我、与他人、与社会的关系，勇于承担责任。

（5）加强儿童美育。指导家长培养儿童正确的审美观,具有发现美、欣赏美、表现美的能力;让儿童接触、欣赏自然美,培养热爱自然环境、热爱祖国美好河山的情感;欣赏文学和艺术,发展想象和表现美的能力;明确内在美与外在美的关系,理解劳动能创造美;加强自身修养,践行文明礼仪;增强对个性美的感受,提高自我评价能力,形成文明健康的生活方式。

(6)指导儿童以平常心对待升学。指导家长在迎考期间保持正常、有序的家庭生活,科学、合理安排生活作息,保证儿童劳逸结合,身心愉快;保持适度期待,鼓励儿童树立自信心,以平常心面对考试;为儿童选择志愿提供参考意见,并尊重儿童对自身的未来规划与发展意愿。

(七)特殊家庭、特殊儿童的家庭教育指导

帮助家长了解国家对特殊儿童及相应家庭的支持政策,引导家长接受儿童的身心状况及家庭现状,调整心态,合理期望;学会获取社会公共服务。

1. 特殊家庭的家庭教育指导

(1)离异和重组家庭的家庭教育指导。引导家长正确认识和处理婚姻存续与教养职责之间的关系,对儿童的教养责任不因夫妻离异而撤销,父母不能以离异为理由拒绝履行家庭教育的职责。指导家长学会调节和控制情绪,不在儿童面前流露对离异配偶的不满,避免将自身婚姻失败与情感压力迁怒于儿童;不简单粗暴或者无原则地迁就、溺爱儿童;强化非监护方的父母角色与责任,增强履职意识与能力,定期让非监护方与儿童见面,强化儿童心目中父(母)亲的形象和情感;调动亲戚、朋友中的性别资源给儿童适当的影响,帮助其性别角色充分发展。指导重组家庭的夫妇多关心、帮助和亲近儿童,减轻儿童的心理压力,帮助儿童正视现实;对双方子女一视同仁;加强家庭成员间的沟通,创设平和、融洽的家庭氛围。

(2)农村留守儿童的家庭教育指导。指导农村留守儿童家长增强父母是家庭教育和儿童监护责任主体的意识,依法依规履行家长义务,承担起对农村留守儿童监护和抚养教育的责任,确保农村留守儿童得到妥善监护照料、亲情关爱和家庭温暖。让家长了解陪伴对于儿童成长的价值,劝导家长尽量有一方在家照顾儿童,有条件的家长尤其是0—3岁儿童母亲要把儿童带在身边,尽可能保证儿童早期身心呵护、母乳喂养的正常进行。指导农村留守儿童家长或被委托监护人重视儿童教育,多与儿童交流沟通,对儿童的道德发展和精神需求给予充分关注。

(3)流动人口家庭的家庭教育指导。鼓励家长勇敢面对陌生环境和生活困难，为儿童创造良好的生活环境；处理好家庭成员之间的关系，为儿童创设宽松的心理环境；多与儿童交流，帮助儿童适应新的环境，了解儿童对于新环境的适应情况；与学校加强联系，共同为儿童创造良好的学习环境。

（4）服刑人员家庭的家庭教育指导。指导监护人多关爱儿童；善于发现儿童的优点，用教育力量和爱心培养儿童的自尊心；信任儿童，并引导儿童调整心态，保证心理健康；定期带儿童探望父（母），满足儿童思念之情；与学校积极联系，共同为儿童成长创造良好环境。

2. 特殊儿童的家庭教育指导

（1）智力障碍儿童的家庭教育指导。指导家长树立医教结合的观念，引导儿童听从医生指导，拟定个别化医疗和教育训练计划；通过积极的早期干预措施改善障碍状况，并培养儿童社会适应能力；引导家长坚定信心、以身作则，重视儿童的日常生活规范训练，并循序渐进、持之以恒。

（2）听力障碍儿童的家庭教育指导。指导家长积极寻求早期干预，主动参与儿童语训，在专业人士协助下制定培养方案，充分利用游戏的价值，重视同伴交往的作用，发展儿童听力技能和语言交往技能，不断改善儿童社会交往环境，逐步提高儿童的社会适应能力；加强对儿童的认知训练、理解力训练、运动训练和情绪训练。

（3）视觉障碍儿童的家庭教育指导。指导家长及早干预，根据不同残障程度发展儿童的听觉和触觉，以耳代目、以手代目，提升缺陷补偿。对于低视力儿童，指导家长鼓励儿童运用余视力学习和活动，提高有效视觉功能。对于全盲儿童，指导家长训练其定向行走能力，增加其与外界接触机会，增强其交往能力。

（4）肢体残障儿童的家庭教育指导。指导家长早期积极借助医学技术加强干预和矫正，使其降低残障程度，提高活动机能；营造良好家庭氛围，用乐观向上的心态感染儿童；鼓励儿童正视现实、积极面对困难；教育儿童通过自己的努力，积极寻求解决问题的方法，以获取信心。

（5）精神心理障碍儿童的家庭教育指导。引导家长营造良好家庭氛围，给予儿童足够的关爱；加强与儿童的沟通与交流，避免儿童遭受不良生活的刺激；支持、尊重和鼓励儿童，多向儿童表达积极情感；多给儿童创造与伙伴交往的机会，培养儿童集体意识，减少其心理不良因素；积极寻求专业帮助，通过早期干预改善疾病状况，提升儿童社会适应能力和生活自理能力，促进疾病康复。

（6）智优儿童的家庭教育指导。引导家长深入了解儿童的潜力与才能，正确、全面地评估儿童；从儿童的性格、气质、兴趣、能力、外部条件等实际出发，因材施教，循序渐进地开发儿童智力，发展儿童特长；坚持德智体美劳全面发展，提高儿童的综合素质；正确对待儿童的荣誉，引导儿童正确认识自己和他人，鼓励儿童在人群中平等交流与生活。

五、保障措施

1. 加强组织领导。各地各相关部门要高度重视，加强对《大纲》实施工作的领导，在组织开展社会宣传、理论研究、教材开发、骨干培训、工作督导评估时，都要以《大纲》为依据和框架。同时要引导和帮助家庭教育指导机构和指导者根据《大纲》要求开展家庭教育指导工作。

2. 明确职责分工。各地各相关部门要结合地方实际和部门职能，统筹制定实施计划，指导所属家庭教育指导机构按照《大纲》内容开展家庭教育支持服务工作。

3. 注重资源整合。各地各相关部门要加大家庭教育指导工作经费的投入，争取将家庭教育指导纳入地方财政预算或相关民生工程。要统筹各方面力量，完善共建机制,形成政府、学校、家庭、社会密切配合的家庭教育社会支持网络。

4. 加强理论研究。各地各相关部门要指导推动各级各类家庭教育研究会(学会)以及高校、科研机构加强家庭教育理论研究,在《大纲》框架下,组织研发指导教材等服务产品、制定监测评估标准等,推动加快家庭教育学科建设,努力构建家庭教育理论和学科体系。

5. 抓好队伍建设。各地各相关部门要按照《大纲》要求,对家庭教育指导者、家庭教育工作骨干、中小学幼儿园教师、托育服务机构工作人员等加强系统化的专业知识培训,提升家庭教育指导服务队伍的专业化水平,形成专兼结合、具备指导能力的家庭教育指导工作队伍。

6. 培育社会组织。各地各相关部门要加强家庭教育指导的专业社会组织的培育与孵化。以项目制的方式开展培训与资源整合,鼓励社会组织进驻社区开展家庭教育指导,让家长享受到家门口的专业家庭教育指导与咨询。

7. 扩大社会宣传。各地各相关部门要通过多种渠道,大力宣传《大纲》主要内容和实践要求,使正确的家庭教育理念和科学的家庭教育知识深入人心,为家庭教育工作开展营造良好的社会氛围。

附录3

教育部关于加强家庭教育工作的指导意见

教基一〔2015〕10号

各省、自治区、直辖市教育厅（教委），新疆生产建设兵团教育局：

为深入贯彻党的十八大和十八届三中、四中全会精神以及习近平总书记系列重要讲话精神，落实教育规划纲要，积极发挥家庭教育在少年儿童成长过程中的重要作用，促进学生健康成长和全面发展，现就加强家庭教育工作提出如下指导意见。

一、充分认识加强家庭教育工作的重要意义

家庭是社会的基本细胞。注重家庭、注重家教、注重家风，对于国家发展、民族进步、社会和谐具有十分重要的意义。家庭是孩子的第一个课堂，父母是孩子的第一任老师。家庭教育工作开展的如何，关系到孩子的终身发展,关系到千家万户的切身利益,关系到国家和民族的未来。近年来,经过各地不断努力探索,家庭教育工作取得了积极进展,但还存在认识不到位、教育水平不高、相关资源缺乏等问题,导致一些家庭出现了重智轻德、重知轻能、过分宠爱、过高要求等现象,影响了孩子的健康成长和全面发展。当前,我国正处在全面建成小康社会的关键阶段,提升家长素质,提高育人水平,家庭教育工作承担着重要的责任和使命。各地教育部门和中小学幼儿园要从落实中央"四个全面"战略布局的高度,不断加强家庭教育工作,进一步明确家长在家庭教育中的主体责任,充分发挥学校在家庭教育中的重要作用,加快形成家庭教育社会支持网络,推动家庭、学校、社会密切配合,共同培养德智体美劳全面发展的社会主义建设者和接班人。

二、进一步明确家长在家庭教育中的主体责任

1. 依法履行家庭教育职责。教育孩子是父母或者其他监护人的法定职责。广大家长要及时了解掌握孩子不同年龄段的表现和成长特点,真正做到因材施教,不断提高家庭教育的针对性;要始终坚持儿童为本,尊重孩子的合理需要和个性,创设适合孩子成长的必要条件和生活情境,努力把握家庭教育的规律性;要提升自身素质和能力，积极发挥榜样作用，与学校、社会共同形成教育合力，避免缺教少护、教而不当，切实增强家庭教育的有效性。

2. 严格遵循孩子成长规律。学龄前儿童家长要为孩子提供健康、丰富的生活和活动环境，培养孩子健康体魄、良好生活习惯和品德行为，让他们在快乐的童年生活中获得有益于身心发展的经验。小学生家长要督促孩子坚持体育锻炼，增长自我保护知识和基本自救技能，鼓励参与劳动，养成良好生活自理习惯和学习习惯，引导孩子学会感恩父母、诚实为人、诚实做事。中学生家长要对孩子开展性别教育、媒介素养教育，培养孩子积极学业态度，与学校配合减轻孩子过重学业负担，指导孩子学会自主选择。切实消除学校减负、家长增负，不问兴趣、盲目报班，不做"虎妈""狼爸"。

3. 不断提升家庭教育水平。广大家长要全面学习家庭教育知识，系统掌握家庭教育科学理念和方法，增强家庭教育本领，用正确思想、正确方法、正确行动教育引导孩子；不断更新家庭教育观念，坚持立德树人导向，以端正的育儿观、成才观、成人观引导孩子逐渐形成正确的世界观、人生观、价值观；不断提高自身素质，重视以身作则和言传身教，要时时处处给孩子做榜样，以自身健康的思想、良好的品行影响和帮助孩子养成好思想、好品格、好习惯；努力拓展家庭教育空间，不断创造家庭教育机会，积极主动与学校沟通孩子情况，支持孩子参加适合的社会实践，推动家庭教育和学校教育、社会教育有机融合。

三、充分发挥学校在家庭教育中的重要作用

1. 强化学校家庭教育工作指导。各地教育部门要切实加强对行政区域内中小学幼儿园家庭教育工作的指导，推动形成政府主导、部门协作、家长参与、学校组织、社会支持的家庭教育工作格局。中小学幼儿园要建立健全家庭教育工作机制，统筹家长委员会、家长学校、家长会、家访、家长开放日、家长接待日等各种家校沟通渠道，逐步建成以分管德育工作的校长、幼儿园园长、中小学德育主任、年级长、班主任、德育课老师为主体，专家学者和优秀家长共同参与，专兼职相结合的家庭教育骨干力量。将家庭教育工作纳入教育行政干部和中小学校长培训内容，将学校安排的家庭教育指导服务计入工作量。

2. 丰富学校指导服务内容。各地教育部门和中小学幼儿园要坚持立德树人根本任务，将社会主义核心价值观

附录3 教育部关于加强家庭教育工作的指导意见

融入家庭教育工作实践，将中华民族优秀传统家庭美德发扬光大。要举办家长培训讲座和咨询服务，开展先进教育理念和科学育人知识指导；举办经验交流会，通过优秀家长现身说法、案例教学发挥优秀家庭示范带动作用。组织社会实践活动，定期开展家长和学生共同参与的参观体验、专题调查、研学旅行、红色旅游、志愿服务和社会公益活动。以重大纪念日、民族传统节日为契机，通过丰富多彩、生动活泼的文艺、体育等活动增进亲子沟通和交流。及时了解、沟通和反馈学生思想状况和行为表现，营造良好家校关系和共同育人氛围。

3. 发挥好家长委员会作用。各地教育部门要采取有效措施加快推进中小学幼儿园普遍建立家长委员会，推动建立年级、班级家长委员会。中小学幼儿园要将家长委员会纳入学校日常管理，制订家长委员会章程，将家庭教育指导服务作为重要任务。家长委员会要邀请有关专家、学校校长和相关教师、优秀父母组成家庭教育讲师团，面向广大家长定期宣传党的教育方针、相关法律法规和政策，传播科学的家庭教育理念、知识和方法，组织开展形式多样的家庭教育指导服务和实践活动。

4. 共同办好家长学校。各地教育部门和中小学幼儿园要配合妇联、关工委等相关组织，在队伍、场所、教学计划、活动开展等方面给予协助，共同办好家长学校。中小学幼儿园要把家长学校纳入学校工作的总体部署，帮助和支持家长学校组织专家团队，聘请专业人士和志愿者，设计较为具体的家庭教育纲目和课程，开发家庭教育教材和活动指导手册。中小学家长学校每学期至少组织1次家庭教育指导和1次家庭教育实践活动。幼儿园家长学校每学期至少组织1次家庭教育指导和2次亲子实践活动。

四、加快形成家庭教育社会支持网络

1. 构建家庭教育社区支持体系。各地教育部门和中小学幼儿园要与相关部门密切配合，推动建立街道、社区（村）家庭教育指导机构，利用节假日和业余时间开展工作，每年至少组织2次家庭教育指导和2次家庭教育实践活动，将街道、社区（村）家庭教育指导服务纳入社区教育体系。有条件的中小学幼儿园可以派教师到街道、社区（村）挂职，为家长提供公益性家庭教育指导服务。

2. 统筹协调各类社会资源单位。各地教育部门和中小学幼儿园要积极引导多元社会主体参与家庭教育指导服务，利用各类社会资源单位开展家庭教育指导和实践活动，扩大活动覆盖面，推动有条件的地方由政府购买公益

附录3 教育部关于加强家庭教育工作的指导意见

岗位。依托青少年宫、乡村少年宫、儿童活动中心等公共服务阵地,为城乡不同年龄段孩子及其家庭提供家庭教育指导服务。鼓励和支持有条件的机关、社会团体、企事业单位为家长提供及时便利的公益性家庭教育指导服务。

3. 给予困境儿童更多关爱帮扶。各地教育部门和中小学幼儿园要指导、支持、监督家庭切实履行家庭教育职责。要特别关心流动儿童、留守儿童、残疾儿童和贫困儿童,鼓励和支持各类社会组织发挥自身优势,以城乡儿童活动场所为载体,广泛开展适合困境儿童特点和需求的家庭教育指导服务和关爱帮扶。倡导企业履行社会责任,支持志愿者开展志愿服务,引导社会各界共同参与,逐步培育形成家庭教育社会支持体系。

五、完善家庭教育工作保障措施

1. 加强组织领导。各地教育部门要在当地党委、政府的统一领导下,把家庭教育工作列入重要议事日程,建立家庭教育工作协调领导机制,制订实施办法。积极争取政府统筹安排相关经费,中小学幼儿园要为家庭教育工作提供必要的经费保障。把家庭教育工作作为中小学幼儿园综合督导评估的重要内容,开展督导工作。中小学幼儿园要结合实际制定推进家庭教育工作的具体方案,做到责任到人，措施到生。

2. 加强科学研究。各地教育部门要坚持问题导向，通过设立一批家庭教育研究课题，形成一批高质量家庭教育研究成果。依托有相关基础的高等学校或其他机构推动成立家庭教育研究基地，发挥各级教育学会家庭教育专业委员会和家庭教育学会（研究会）等社会组织、学术团体的作用，重视家庭教育理论研究和家庭教育学科建设，探索建立具有中国特色的家庭教育理论体系。

3. 加强宣传引导。各地教育部门要开展家庭教育工作实验区和示范校创建工作，充分培育、挖掘和提炼先进典型经验，以点带面，整体推进。教育部将遴选确定部分地区为全国家庭教育实验区，部分学校为全国家庭教育示范校。各地教育部门和中小学幼儿园要树立先进家庭典型，宣传优秀家庭教育案例，引导全社会重视和支持家庭教育工作，为家庭教育工作营造良好的社会环境和舆论氛围。

教育部

2015年10月11日

后记

　　为贯彻落实习近平总书记关于家庭教育工作的重要指示，按照全国教育大会的重要部署，教育部将"家校协同育人"攻坚行动列入2019年"奋进之笔"攻坚计划，组织编写《家庭教育指导手册》是其中一项重要工作。教育部党组书记、部长陈宝生非常关心手册的编写工作，并提出了明确要求；教育部党组成员、副部长郑富芝对手册编写工作进行了直接指导；教育部基础教育司负责统筹组织工作，司长吕玉刚对手册的基本定位、整体构想、撰写框架等提出了具体意见，副司长俞伟跃、陈东升主持编写工作并审定全书，德育处处长荣雷参与了书稿的组织、编写和审改工作。

　　中国教育学会专门成立工作组，会长朱之文直接领导，秘书长杨银付、副秘书长张东燕统筹推动《家庭教育指导手册》的编写工作。中国教育学会常务理事、中国儿童中心党委书记丛中笑牵头组织《家庭教育指导手册　家长卷》具体编写工作，中国儿童中心苑立新多次参与指导编写工作，霍雨佳、马学阳负责编写专家的组织和书稿审阅工作。各专题主笔人员为：首都师范大学钟晓琳（专题一），北京师范大学边玉芳（专题二），北京师范大学蔺秀云（专题三），北京第一六一中学分校张妮（专题四），广州市少年宫张海波（专题五），中国教育科学研究院单志艳（专题六），北京汇文中学胡迟、岳丽、果静雅（专题七），青豆书坊苏元（专题八）。参加书稿撰写的专家还有：上海市教育委员会教学研究室贺明菊，清华大学刘建国，首都师范大学胡谱忠，中国儿童中心霍雨佳、马学阳、任金涛、肖凤秋、谢娟、王润洁、王萍、崔岳、邱天敏、霍亮等。参与审定的专家有：中国儿童中心丛中笑、中国教育学会家庭教育专业委员会孙云晓、中国人民公安大学李玫瑾、北京师范大学赵忠心、东北师范大学赵刚、北京市正泽学校李烈、北京金融街润泽学校刘长铭。人民教育出版社对丛书的编辑出版工作高度重视，总编辑郭戈亲自指导，丛书责编刘立德、韩华球和各册责编认真负责，付出许多辛劳。谨在此一并致谢！

  由于受篇幅限制，本书内容难以面面俱到，不妥之处恳请广大读者批评指正。

《家庭教育指导手册　家长卷》编写组
2020年10月